英語授業ライブラリー 6

ティーム・ティーチングの進め方

授業改善の視点に立って

巽 俊二 著

教育出版

まえがき

JETプログラムによってALTが派遣され始めた頃，ある中学生が私にこんなことを言ったものです。「先生，あのアメリカ人は英語を話しているよ」実はその中学生は，アメリカ人が実際に英語を話しているのを生で聞いたことがなかったらしいのです。彼にとって，英語は単に学習すべき教科でしかありませんでした。英語がコミュニケーションの手段として使われていることを実感することがなかったのです。なぜなら，英語を聞くという経験は，映画やテレビドラマ，あるいはテレビやラジオの語学番組，そして学校の英語の授業中だけであったからです。

その頃に比べると，現在の子どもたちは英語を不思議なものと感じることは少なくなっていると思います。どの生徒も中学時代に一度は英語を話す外国人の教師から英語を学んだことがあるはずだからです。大袈裟かもしれませんが，国際社会への一歩を踏み出したと言えなくもありません。その点でも，ALTとのティームティーチング（TT）のもたらした成果は認められます。

また，ティームティーチングは，従来の指導の変換を迫りました。つまり読解あるいは文法中心の指導法から音声に重点を置いたものに変わることになったのです。しかし逆に，音声のみの指導に陥ったという批判も受けることになりました。その批判の中には，ティームティーチングはゲームと歌，インタビュー，スピーチだけであるという指摘も含まれています。ティームティーチングの登場によって従来の指導法の改善が求められましたが，今やティームティーチングそのものの改善が必要になってきています。

新しい学習指導要領では，英語を習得するためには「使用場面の設定」と「言語の働き」を考えることが重要であるとしています。この二つの要素を授業の中に取り入れるには，ティームティーチングほど効果的な指導法は他にないと思います。ところが思うほど効果は上がっていません。その原因の一つにALTの役割をきちんと認識し，その役割を十分に発揮することの不足があるのではないでしょうか。つまり，ALTが単なるリーディングのモデルであったり，生徒がリスリングの練習をするためのスピーカーであったりするだけでは，どうしても使用場面を設定したり言語の働きを考えたりすることができないということなのです。ALTはJETや生徒を相手にして実際にコミュニケートしてこそ，その役割を果たすと言えるでしょう。

本書を書くにあたって，どのようにすれば効果的なティームティーチングのイメージを英語の先生方に浮かべてもらえるかを考えました。具体的にはプロシージャーを記す際に，フローチャート式に表すのではなく，教師と生徒の発言を想定して，実際に使われるであろう英語をそのままに表しました。例えば，Greetingsではどのような英語を使うのだろうか，Introductionではどんな目的を持って英語をどのように使うのだろうか，というような疑問に答えるためです。第4章では，かなりの分量をそのために割きました。

なお，本文中引用させていただいた平成9年度版中学校用検定教科書については以下のとおりです。教科書の順番についてはアルファベット順です。

COLOMBUS ENGLISH COURSE（光村図書出版）
NEW CROWN ENGLISH SERIES（三省堂）
NEW HORIZON English Course（東京書籍）
ONE WORLD English Course（教育出版）
SUNSHINE ENGLISH COURSE（開隆堂出版）

最後に，教育出版出版企画部の中島潮氏，石渡洋子氏にお礼を申し上げます。両氏はともすると遅れがちな執筆を根気よく待ってくれました。また適切なアドバイスもいただきました。ここに名前をあげて謝意を表したいと思います。ありがとうございました。

2001年7月

巽　俊二

目　次

第*1*章

国際理解教育における英語科 TT の役割

英語を聞いたり読んだりして外国の文化を理解するだけではなく，話したり書いたりして日本の文化を発信することが必要です。理解という言葉には，ともすると相手のことがわかること，という印象があります。しかし，国際理解という場合は，相手の言うことをこちらが理解するだけではなくて，こちらの言うことを相手にも理解してもらうという，いわば相互理解でなければなりません。

英語の授業においては，教科書に書かれた題材の内容をできるだけ正確に理解することに，その時間の大半を費やしています。それは ALT（Assistant Language Teacher）と一緒に行うティームティーチングにおいても例外ではありません。仮に，ALT からの質問に英語で答える形で授業が進められたとしても，受け身的な理解の域を越えないことが多いのです。他文化を理解すると同時に，自文化を相手に伝えるという双方向的な活動がこれから求められます。

理解するという言葉は，他文化を理解するというふうに用いられますが，理解しなければならないのは他文化だけではありません。発信するためには自文化の理解が前提になります。自文化をよく理解しないで発信することは不可能だからです。

また，自文化と他文化の両者を相互に理解するということは，両方の文化の存在価値を認めるということを意味します。他文化は優れたものである，とそれに見習うことしか考えなかったり，反対に自文化を最良のものと考え，他の人たちにそれを押しつけたりすることではないのです。

1　他文化の理解

（1）ALTは，ある国の国民の一人にすぎない

ティームティーチングでは，ALTから彼(女)の出身国の文化の紹介がよく行われます。しかし，その文化はある国の文化の一例にすぎない，と考える冷静さを持たなければなりません。その異なる文化は日本以外の世界中の全ての国に共通する文化である，と生徒たちが思い込む危険性をはらんでいるからです。ALTは，英語を母語とする国から来ています。したがって，ALTが自分の国のことしか話さないとするならば，生徒は英語を母語とする国の文化しか受け入れないことになります。そこまで極端にはならないにしても，よほど注意しておかないと文化の情報が特定の国のものに偏ることになりかねません。

アメリカは契約を重んじる国であるといわれます。例えば，学校での服務についても，ALTは契約書に書かれていないことはしないものです。日曜日に勤務を命じられると契約違反だと訴えることも珍しくはありません。しかし，全てのアメリカ人が同じような反応を示すかというと，必ずしもそうではないのです。一人のALTを見て，「アメリカ人は○○である」と安易にステレオタイプ化すべきではありません。

言葉についても同様のことが言えます。あるALTは疑問文は全て文末を上げて話しました。疑問詞で始まる文は最後を下げて発音するものである，といくら反論してもそれに応じようとしないばかりか，ネイティブの自分が言っているのだから間違いがないと主張したのです。しかし，だからといって授業では疑問詞で始まる疑問文も最後を上げて読んだり話したりするわけにはいかないでしょう。

（2） 他文化のどの部分を取り上げるか

文化に対する理解は，英語科においては英語を通じて行うべきです。日本語で行うのであれば，他の教科でも可能だからです。英語を通じて行うためには，文化のどの部分を取り上げるべきでしょうか。学習者が中学生であるということを考慮し，あまりにも抽象的な内容を入門期に導入することは避けなければなりません。

・日常生活に関わる身近なもので，自分たちの文化と比較することが容易なものを選ぶ。

例えば，入浴についてです。バスタブはどのような形をしているか，どこで体を洗ったりシャンプーしたりするのか，なぜ一人入るごとに新しい湯にするのか，1週間に何回ぐらい入るのか，外国には大衆浴場はあるのか，温泉はあるのか，など生徒にとっては興味をそそるものがいくらでもあります。

・絵や写真など視覚に訴えながら説明できるものを選ぶ。

交通信号は普通，3色から成っていることは日本でも外国でも同じです。中央の色はもちろん黄色です。yellow です。では，右側は何色でしょうか。赤，つまり red です。左側は青です。英語で何と言いますか。生徒は blue と言うかもしれません。そこで信号の場合，英語では左側の色は blue ではなくて green であると説明できます。また，色の位置は決まっているのでしょうか。右側は常に赤なのか，それはなぜなのか，縦に色が並んでいる信号では上は何色か，などを考えさせることもおもしろい。

・生徒の既習の知識からは判断できない意外性のあるものを選ぶ。

例えば，指は英語では finger です。しかし，親指はそうは呼ばない。また，足の指については別の英語を使う，など日本語とは異なる表現を紹介することもよいでしょう。ただし，「指は finger といいます。親指は thumb です。足の指は toe という別の言い方をします」という教え込み式の解説ではつまらない。生徒に意外に思わせるには，導入するときに特別のテクニックが必要です。詳細はあとで述べることにします。

(3)　どのようなときに取り上げるか

教科書には国際理解に役立つ題材がたくさん含まれています。国際理解の時間を特設しなくても，教科書の中身を膨らませる形で進めることができます。進度のことを考えると，むしろ毎時間の授業のなかで内容に応じて取り入れる方が能率的だと思います。

テーブル・マナーが題材に扱われていれば，日本のものと比較しながら，さらに詳細に説明します。「うどんやそばは音をたてて食べてもよいが，スープは音を出さないで食べるのが普通である。塩や醤油など使いたいときは，日本では手を伸ばして自分で取ることが多い。しかし，欧米の人たちは近くにいる人に取ってもらう。食べるときは，日本では箸，欧米ではフォークやナイフなどを使うが，国によっては手で食べる場合もある」

また，外国の年中行事やお祭りに合わせて文化を紹介することができます。例えば，Christmas には，次のように説明するのもよいでしょう。「クリスマスは，イエス・キリストの降誕を祝う祭日である。Christmas の Christ はキリストのこと。クリスマスの日には，キリスト教徒である人たちは教会に行ってお祈りをする。その後，家に帰ってプレゼントの交換をする。その日の夕食では，よく七面鳥を食べる。クリスマスは元々はキリスト教のお祝いであったが，最近はキリスト教徒でなくてもお祝いをするようになった。日本でも，キリスト教徒以外の人たちもお祝いをする。クリスマスケーキを食べることが多い。プレゼントを交換することは欧米とよく似ている。夕食では，七面鳥の代わりにチキンを食べる家もある」。このようなこと以外に，「クリスマス・イブ」「クリスマス・カード」「クリスマス・キャロル」「クリスマス・ツリー」などを話すとよいでしょう。さらに，イエス・キリストの生涯を聞かせれば，生徒の興味はどんどん広がっていくと思われます。

(4)　聞いて理解させるためには

英語を聞き取る力をつけるためには，生の英語をできるだけ多く聞かせることが必要です。しかも，自然なスピードで話されたり読まれたりする英語を聞かせることです。あまりにも遅い英語に慣れてしまうといつまでも聞く力はつきません。

ティームティーチングの授業でときどき見かけることですが，ALTが英語を話したあと，JTE（Japanese Teacher of English）が日本語でその訳をすることがあります。しかし，そうすると生徒は英語で理解しようとしないで，その訳に頼ってしまうことになるでしょう。あくまで英語の内容は英語で理解させなければなりません。

そうだとすれば，どのような英語を使うべきかが問題になります。語彙や文型・文法については，既習のものを中心に与えるべきです。もちろん，既習のものだけでは新しい項目を導入することができません。既習のものに新しいものをプラスした英語を用いるということが必要です。既習のものから新しいものの意味を類推できるようにするのです。いくら英語で理解させるべきだといっても，知らない英語だけでは理解させることはできません。

次に重要なことは，特に新しい語彙や文法事項を導入するときは，視覚に訴えるものを併用するということです。英語を聞かせながら実物や絵，写真，ビデオ，ジェスチャーなどを見せるのです。例えば，staplerという語をいくら繰り返して発音してもなかなか意味をわからせることはできませんが，ホッチキスを見せれば一目瞭然です。指を使って数を数える方法も，日本と欧米では違いますが，実際にジェスチャーでやってみせればすぐにわかります。

しかし，英語は目に見えるものばかりではありません。抽象的な意味を表す語は形として存在しないのが普通です。例えば，「うれしい」という語は，直接，絵などに描くことができないでしょう。笑っている様子を示しているからといって，必ずしもうれしいことを表現しているわけではありません。苦笑いをしているのかもしれないし，冗談を聞いておもしろがっているのかもしれません。

それでは，どうすれば表現できるのでしょうか。「うれしい」＝glad，happy…などという式に当てはめて，日本語で説明する方法もありますが，英語の意味を英語で理解させることになりません。「うれしい」という気持ちが湧いてくるには何かの理由や原因があるはずですから，その状況を説明するとよいのです。「毎日，何時間も勉強した。だから，高校の入学試験に合格した。とてもうれしかった」というふうに。

（5） 異なる概念

日本の文化と外国の文化の間には，同じ言葉であっても概念が異なる場合があります。そのことが，他文化を理解しようとするときに障害となります。例えば，「マンション」という言葉を使って，日本人が「私はマンションに住んでいます」と言うのと，欧米人がそう言うのとでは，その内容が非常に異なります。英語の「マンション」は，本来は豪邸という意味だからです。

同じようなことが英米の間にもあります。the first floor は，アメリカでは１階のことですが，イギリスでは２階を指すことがあるのはご存じのとおりです。ちなみにイギリスでは１階のことを ground floor といいますね。もっとも，アメリカでもホテルなどでは，the first floor が２階を指す場合がありますが。

日本語に対応する語や表現が必ず英語にもある，という思い込みが誤解を生む原因になります。相撲のことを知らない外国の人が I watched sumo on TV yesterday. という英文を見ても中身は理解できないはずです。相撲がスポーツの一種であると類推することさえ容易ではありません。仮に，sumo を Japanese wrestling とか the national sport of Japan と置き換えてみても，正確なイメージを浮かべることはできないでしょう。

相手の人に理解してもらおうとすれば，絵や写真，ビデオなどを見せたり，ジェスチャーを行ったり，もっと詳しく説明したりすることが必要になってきます。

2　自文化の理解と発信

（1）　自文化の理解

相手に文化を発信するためには，自分自身が自分の文化をよく理解しておかなければなりません。生徒が日本の文化を相手に紹介しようとするとき，最初にあげる声は，「何を話したらよいかわからない」ということです。欧米の人たちに向かって，This is coffee. と説明することはあまり意味がないということくらいはわかっているはずです。相手の人は説明を聞かなくても，普通は，コーヒーがどんなものであるかは知っているでしょうから。ところが，豆腐について，This is tofu. という英語を使って説明するのは十分に意味のあることです。自文化独特のものや他文化と異なるものを知ることによって，はじめて何を発信するかがわかるのです。

発信する内容が決まっても，説明するのに1個の英文しか思い浮かばない生徒がいます。それは，その内容についての理解が浅いか，あるいは理解があっても，どのように説明すればよいのかわからないからではないでしょうか。例えば，豆腐のことであれば，「原料は何であるか」「どんな形のものがあるのか」「いつ食べるのか」「どのように料理するのか」などのことを知っておく必要があります。

このように考えると，自文化理解がコミュニケーションを持続させたり，発信する文化の内容を深めたりするための前提条件だと言えます。

（2）　自文化の発信

生徒に自分たちの文化を発信させようとするとき，まず日常生活に関わる身近なものを扱ってはどうでしょうか。特にとりとめのないように見えても，外国の人にとっては初めて知るものである場合も珍しくないと考えられるからです。

例えば，学年は4月に始まり，3月に終わること。授業は月曜日から土曜日までの6日間行われること。しかし，現在は第2と第4の土曜日は休みであること。朝は8時30分頃登校して，4時頃下校すること。放課後の部活動は，主に学校の先生が指導すること。教科は9つあること。1時間の授業は50分であること。昼食用に，家から弁当を持参すること。昼食は教室でとること。年2回程度，遠足があること。3年生になると2泊3日で修学旅行に行くこと。高校の入学試験は非常に難しいので，よく勉強すること。宿題が多いこと。教科書は毎日，持って帰ること。放課後や休日には，塾に行くこと。制服があり，胸には名札をつけていること，等々。この内容には，欧米にはないものもたくさん含まれていますね。

学校のこと以外にも，家庭や地域のことなど材料には事欠きません。

日本独自の文化は，すぐに英語に直せないことが多いと思われます。そのような場合は，無理に英語に直そうとしないで，日本語のまま使って，それに詳しい説明を加えるとよいでしょう。「お好み焼き」＝Japanese pizzaにしてしまうと，本当の「お好み焼き」を伝えることはできません。「能」＝Japanese traditional dramaと仮に訳したとしても，なんのことかわかりません。

音声や文字だけでは，いくら詳細に説明しても，なかなか正確に伝えられないことがあります。そのような際には，まず本物を見せることです。それができない場合は，ビジュアルなものを併用することが効果的です。

もちろん，日本の文化を英語の音声や文字だけで紹介することも必要です。それだけで相手に伝える努力をさせることを避けるべきではありません。日本語を1語1語英語に直す練習をすることも，英語で説明する練習をすることも重要ではあります。

3　異文化間の相互理解

筆者が中学校に勤務していた頃，アメリカ出身の男性のALTが自分で作った弁当を持ってきたことがあります。中に何が入っているかあててごらんと言いました。コロコロという音がしたのでいろいろ答えを言ってみたのですが，全てはずれです。観念して，見せてもらいました。すると，弁当箱の半分くらいにご飯，残りの半分のスペースに生のニンジンが1本入っていました。びっくりして，「ニンジンを生で食べるのですか」と尋ねると，彼は言い返してきました。「あなた方も，魚を生で食べるでしょう」と。

日本人は魚の刺し身を何の抵抗もなく食べていますが，食べたこともない外国の人にとっては，なかなか口に入れることができないのではないでしょうか。それは，生のニンジンをかじることを不思議に思う日本人と同じです。

自文化にないものを他文化で見かけるということはありますが，それを軽蔑したり侮辱したりすることのないようにしなければなりません。

自文化では当たり前のことが，他文化ではそうではないということがあります。また，その逆もあります。こんな話があります。ある ALT が中学生と一緒に教室で昼食をとりました。みんな黙々と食べていましたが，生徒の一人が突然その ALT の方を向いてにこっと笑ったのです。生徒は愛嬌をふりまいたつもりだったのですが，ALT はいやな気持ちになったといいます。ほとんど喋らずに食事をとることを奇異に感じていた ALT は，愛嬌のある笑いを侮辱だと受け取ったのです。

笑いといえば，外国人が不思議に思う笑いがあります。失敗したときや，間違ったとき，他の人に迷惑をかけたときなどに笑う笑いです。道路ですべってころんだときに笑う。間違った答えを言ったときに笑う。もう少しのところで電車に乗り遅れたときに笑う。雑踏の中で隣の人の足を踏んだときに笑う。デイトの約束の時間に遅れたときに笑う。亡くなった家族の通夜の場で笑う。

いずれも外国人には理解しがたいものばかりです。特に他の人に迷惑をかけたり悪いことをしたりしたときに，笑いながら謝る行為はその真意を図りかねるでしょう。もっとも日本人同士の間でも，そのような笑いは理解できないという人も出てきています。

しかし，これらの笑いはおかしいと外国人から言われたときに，そのような日本人の文化について説明することもなく，簡単に外国の文化に迎合してしまうならば，いずれ日本人独自の文化がなくなってしまうのではないかと心配します。異文化相互理解という点からいえば，日本の文化を否定して，どんなことでも外国の文化に合わせようとする態度は好ましくないと思います。それは日本と外国の文化の関係が逆の場合にも言えます。

アメリカに奴隷制度のあった頃，アフリカからやってきた人たちが自分の家族が亡くなったときに，埋葬するために墓地に行く途中，楽しく賑やかな音楽を演奏したことがあるといわれます。その音楽とは，アフリカの音楽と新世界の音楽を混合させたものでジャズのことですが，亡くなったときに喜びを表すために使われました。それはなぜなのでしょうか。「死イコール喜び」であるとはどのように考えればよいのでしょうか。奴隷として生きることは本当に苦しいことだったのです。死はその苦しさからの離脱を意味します。死ぬことによって現実の苦しさから逃れることができ，慈愛に満ちた神のそばに行けると喜んだのです。このようなことを知ると，葬式のときに喜んだり楽しい音楽を演奏したりする理由が理解できるでしょう。表面的なことだけをとらえて，悲しいときに明るい音楽を演奏するなんて非常識だと言っても始まらないことなのです。

アメリカ人のALTが新しい学校に赴任して間もない頃，校長が親しくなりたいと思って，日曜日に奈良の名所旧跡を案内してまわりました。そのALTはとても興味を示し，大変喜びました。数日後，そこで撮った写真が出来上がったので，校長は職員室でALTにそれをプレゼントしました。そのALTは感謝の気持ちを表して，Thank you very much. と言いながら，何枚かの写真をカバンの中に入れました。ところが，残りの写真は足元にあるごみ箱にポイと捨てたのです。校長の見ている前でですよ。校長が不快に感じたのはいうまでもありません。

後日，そのALTに「なぜそのようなことをしたのか」と尋ねたら，そのALTも腑に落ちない顔をして言うのです。「それは良くないことなのですか。一度もらったものは，私のものです。私がどのようにしようと私の自由ではないのですか」と。

もちろん，全てのアメリカ人がこのような態度を見せるとは思いません。もしかすると，そのALTが特別なのかもしれないからです。ほとんどの日本人は，おそらくそのようなことはしないだろうと考えると，やはり文化の違いだと言えるのではないでしょうか。その文化の違いを理解する努力が必要だと思います。

よく生徒はALTをfirst nameで呼びます。ALTがそう呼んでほしいと伝えるからです。ALTも生徒を姓ではなく，名前で呼ぶことが多い。親しい気持ちを感じたいからでしょう。しかし，ALTも先生なのだから「○○先生」と呼ばなければ失礼にあたるという人がいます。ALT自身がfirst nameで呼んでほしいと言っているにもかかわらずです。彼らは姓で呼び合うことはいつまでも親しくなれないようで嫌だ，とよく言います。

ところが，不思議なことにALTがJTEに対して「○○センセイ」ということが多いのは，やはり日本の文化の中で生活しているからかもしれません。

アメリカは契約社会の国であるといわれますが，具体的にはどのようなことを指すのでしょうか。これも実際に経験したことです。ALTも引率者として一緒にバスに乗って校外学習に出かけたときのことです。帰路，たいへんな交通渋滞に出くわし，バスがなかなか動かなくなりました。高速道路の上で，そのALTは「ここで降りてもいいか」と尋ねてきたのです。彼との間で交わした契約では，勤務時間は4時までとなっていたためです。おそらく，日本人の教師であれば，いくら勤務時間が過ぎていても，このようなときにはそんな発言はしないでしょう。そのような言動は，そのALTの全く個人的なものであるとは言いがたいと思います。

「トイレを出て手を洗ったら，何で拭きますか」と日本人に尋ねると，ほとんどが「ハンカチ」と答えるでしょう。しかし，同じ質問をアメリカ人に尋ねると，答えはさまざまです。「ハンカチで拭く」という人もいますが，「特に拭くこともしないで，自然に乾くのを待つ」「両手を下に向け，振って水を落とす」「スーツの中に着ているブラウスの背中の部分で拭く」などの答えが返ってきます。「ハンカチは持っていないのか」とさらに尋ねると，「持っている」

と言います。「では，何に使うのか」と尋ねると，「鼻をかむときに使う」というのです。

日本にも外国にもあるもの，特に両者とも同じ名前のついているものでも，用途が違うことは決して珍しくありません。

第2章

TTを効果的に進めるための授業改善

1　Solo Teaching と Team Teaching との接続

（1）　年間授業計画の中に TT を位置づける

JETプログラムが始まって10数年の歳月が経ちました。ALTが1時間だけクラスに入るといういわゆる One Shot Visit は少なくなっています。1週間に2・3日，曜日を決めて訪問したり，1学期間一つの学校に継続して配置されたり，あるいは1年を通して一般の教職員と同じように勤務したりすることが増えてきています。もちろん，それでも英語の授業は全時間，TTで行われるわけではありませんから，「いつ」「どのような内容」でTTを行うかを事前に計画を立てておく必要があります。One Shot Visit の場合は，ALTの自己紹介や，ゲーム，歌などでその時間を過ごすことが多かったのですが，定期的に，しかも回数が増えてくるとそういうわけにはいきません。JTEが一人で行う通常の授業の流れがとぎれないように，TTもその流れにそって行わなければなりません。英語の授業はほとんどの場合，検定教科書を使って指導されているので，1時間でどれだけの内容をこなさなければならないのかが，おのずからわかってきます。つまり，指導すべき新しい題材，言語材料が決まっていると言えます。したがって，TTのときはいつも言語活動，コミュニケーション活動，ゲーム，歌，あるいは音声によるインタラクションのみを行うとすれば，とても教科書の内容を指導し終えることはできないでしょう。TTをしていると進度が遅れることがありますが，音声による学習にその時間の大半を費やしてしまい，文字や文法の指導をJTEによるSolo Teachingにまわす傾向にあるからだと思います。

（2） 英語で授業を進める

TTになって生徒が最初に驚くのは，ALTはもちろんJTEも英語のみで授業を進めるということです。JTEによるSolo Teachingでは，内容を説明するときも，文法を解説するときも，あるいは教師と生徒の間の会話も日本語で行われることが少なくありません。しかしそれではTTの授業を受ける生徒がなかなか英語になじめないということになります。ですから，Solo Teachingのときも英語を多用することを勧めます。英語を使うとは，挨拶や指示などのいわゆるクラスルームイングリッシュのみを使うということではありません。1時間の授業の初めから終わりまで，できるだけ英語だけで授業を進めてはどうかということです。

英語だけで授業を進めると，生徒は理解できないのではないかという不安の声をよく耳にします。そこで使われる英語が適切なものでなければ理解できないことも多いでしょう。どのような英語をどのように使えばよいかを考えなければなりません。

・主に既習の語彙，文法からなっている英文であること。
・文の構造があまり複雑でないこと。
・文があまり長くないこと。
・具体的な内容を示す語彙が使われていること。（ビジュアルなイメージが浮かぶものがよい）
・自然なスピードで話されていること。
・日本語に訳さないと理解できないような英文を使わないこと。（英語を話したあと，日本語に直さないこと）
・生徒と英語で問答しながら進めること。（一方的に話さないこと）

以上のことは，TTでALTが英語を話す際にも心掛けるべきことです。

それでは，実際の題材を使ってどのように進めるとよいのか，次にプロシージャーを示してみましょう。

COLUMBUS ENGLISH COURSE 2, p. 29

> The Hot Dog
>
> In its home country, Germany, the "frankfurter" was the name for the hot dog. It came from Frankfurt, a German city. In the 1860s, people sold frankfurters in the United States for the first time. But Americans didn't say "frankfurters." They said "dachshund sausages." A dachshund is a dog from Germany with a very long body and short legs. "Dachshund sausage" was a good name for the frankfurter.

ALT: Today we'll talk about "the hot dog."
JTE: What does "hot" mean in Japanese?
S1: Atsui.
JTE: What does "dog" mean in Japanese?
S2: Inu.
JTE: That's right.
Then what does "hot dog" mean in Japanese?
S3: Atsui inu.
ALT: Atsui inu?
What is atsui inu?
S3: A baked dog.
JTE: "Hot dog" is "hotto doggu" in Japanese.
S3: あ，そうか。

ALT: （フランクフルトソーセージを見せながら）How do you say in

Japanese?

S:　フランクフルト。

ALT: フランクフルト is "frankfurter" in German.

○○-sensei, how do you say German in Japanese?

JTE: ドイツ語。

ALT: The Frankfurter is the name for the hot dog.

It came from Frankfurt, a German city.

In the 1860s, people sold frankfurters in the United States for the first time.

But Americans didn't say "frankfurters."

JTE: What did they say?

ALT: They said "dachshund sausages."

S:　ダックスフントというのは犬ですか。

ALT: Yes. A dachshund is a dog from Germany.

（黒板にダックスフントの絵を描きながら）It's a dog with a very long body and short legs.

この題材は読み物教材ですが，このように導入すると，

・概略が把握できる

・新出語句の発音が理解できる

・リスニングによって内容を理解することができる

・音声によって内容を把握できたり語彙の発音がわかっていると，自分で読んだときに理解が容易になる

などの効果も期待できるでしょう。

生徒にとっては，英語は学習するものにすぎず，コミュニケーションをする際の手段であるという意識があまり働いていないように思われます。それは生徒はいつも内容が理解できているかどうか先生から質問されるだけの授業を受けているからではないかと想像します。現実の自分のことや友人のこと，先生

のことを英語で話したり聞いたりする機会があまりに少ないのです。How are you? に対して，I'm fine, thank you. と答えるだけとすれば，自分の考えや気持ち，感じたことなどを相手に伝えたり，相手からさまざまな情報を得たり，お互いに問答したりするために英語を使うということを実感することはないでしょう。

したがって，授業中は題材内容についての質問（Display Question）に対して答えさせるだけではなく，生徒の現実のことについての質問（Referential Question）に対しても答えさせる機会をもっと多く，しかも自然に持つべきなのです。

Display Question は，例えば教科書の題材について尋ねるものです。先ほどの "The Hot Dog" を例にして考えてみましょう。

T: What was the frankfurter in Germany?
S: It was the name for the hot dog.

T: Did the frankfurter come from Frankfurt?
S: Yes, it did.

T: What was Frankfurt?
S: It was the name of a German city.

T: When did people sell frankfurters in the United States for the first time?
S: In the 1860s.

T: Did Americans say "frankfurters" at that time?
S: No, they didn't.

T : What did they say?

S : They said, "dachshund sausages."

T : Where is a dachshund from?

S : From Germany.

T : Does a dachshund have a very long body or very short body?

S : It has a very long body.

T : Does a dachshund have long legs or short legs?

S : It has short legs.

次は Referential Question の例です。

T : Do you like hot dogs?

S : Yes, I do.

T : Do you have a pet?

S : Yes, I do.

T : Do you have a dachshund?

S : No, I don't.

T : Do you want to go to Germany?

S : Yes, I do.

T : Why do you want to go to Germany?

S : Because I want to eat a frankfurter.

T：Did you go to the United States?
S：Yes, I did.

T：When did you go there?
S：In 1996.

T：What part of the States did you go to?
S：I went to New York.

ALT が日本の中学生についてよくこぼすことの一つに，「日本人は shy ですね」という言葉があります。その shy というのは，文字通りに解釈すれば，恥ずかしがり屋という意味です。恥ずかしがり屋とは，どういう態度を示す人のことでしょうか。

ALT が話している最中に意見や考えを求めても，全く反応を示さないことです。あるいは，質問しても返答をしないというようなことが多いようです。その主な原因には次のようなことが考えられます。

・英語で会話することに慣れていない。つまり，英会話することの不足です。
・返答の仕方が身についていない。
・会話の継続の仕方がわからない。
・会話の内容に乏しい。つまり，話すべき内容が思いつかない。
・英語力が弱い。

多くの英語が実際に使われているのを聞くことによって，その英語がどのような場面で，どのように使われているのかを知ることができます。できるだけ多くのインプットを体験させる必要があります。

（3） 授業の流れは基本的には変わるものではない

特別な意図や目的がある場合以外では，授業の流れはソロ・ティーチングとティーム・ティーチングとの間に，そんなに違いはないと思います。特別な意図や目的というのは，例えば，今日の授業はリーディングを中心にするとか，一つのレッスンの終わりに言語活動としてまとめるとかいうものです。そのような場合は，授業の開始と同時に教科書を開かせて文字を見せたり，逆に全く教科書を使わないで音声のみで進めたりするでしょう。しかし，通常の場合は，まずリスニングとスピーキングから始めて，リーディングで内容を確認し，ライティングで定着を図る順序が最も普通に行われるものだと考えられます。

（4） 日本語を用いないで内容を理解させる法

生徒は英語を聞いただけで内容を理解することが可能でしょうか。日本語に訳したり，日本語で説明したりしないで，本当にわかるのでしょうか。そのような不安は常につきまといます。しかし，どのような英語をどのように使えばよいかが明らかになれば，その不安は払いのけることができると思います。いくつかの具体的な方法を次に示してみましょう。

①　ジェスチャーや実物，写真など視覚に訴えることができるものを用いながら英語を話します。例えば，イスを英語で何というか説明する場合を考えてみましょう。

「普通のイスはchairという」

「背もたれのないものはstoolという」

「長イスはbenchという」

「ソファはsofaという」

これで生徒は4種類のイスの違いを理解するようにみえます。確かに理解する生徒もいるでしょう。しかし，理解してきちんと覚える生徒は自分の頭の中でその違いをイメージ化できる生徒に限られるのです。つまり，言葉としては理解できても，実物を浮かべることをしなかったりできなかったりすると，その説明も素通りしてしまいます。

英語だけに限らず，言葉を聞いて理解するためには，その内容を何らかの形でイメージする必要があります。理解力の差は，そのイメージする力があるかないかの差だとも言えます。したがって，イメージ化させるためには，音声のみで説明するのではなく，実物を見せたり絵やスケッチを描いたりすることです。特に，全く初めて導入する場合は，このことが必要です。そうでないと，生徒が個々に勝手なイメージを思い浮かべる可能性があるからです。

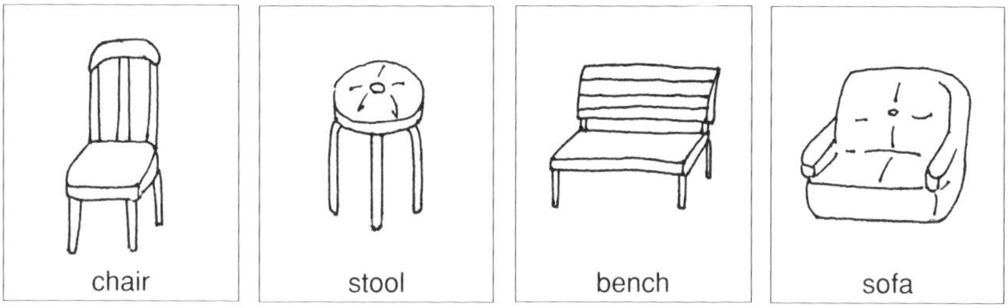

② しかし，リスニングさせる際には，最終的にはビジュアルなものに頼らないで，音声を聞いただけで理解できるようにならなければなりません。ビジュアルなものを用いて理解させることをまず繰り返して，常にイメージを浮かべながら理解することを習慣化させ，ビジュアルなものがなくても，自然とイメージが浮かべられるようになるまで，英語を聞かせる必要があります。

この方法が効果的なのは，具体的な名詞を導入する場合だけではありません。例えば，「Stand up. は『立ちなさい』」という代わりに，手を前に差し出し，下から上へ動かしながら Stand up. と言えば，その意味を理解するでしょう。また，「声が聞こえなかったら，Sorry, I can't hear you. と言います」などという説明はかえってわかりにくくします。それよりも，耳の後ろに手を当てるジェスチャーをしながら，先ほどの英語を言えばよほどよくわかるものです。ただし，そのような表現を突発的に言ってもあまりよく理解できません。あとで詳しく述べますが，それがどのような場面で使われた英文なのかイメージ化できないからです。教師が教室の後ろの方に座っている生徒に質問したが，声が小さくてよく聞き取れない。そのようなときにこの表現を使えば，日本語による説明よりもよく理解できるし，記憶にも残るでしょう。

③　電話での会話という場面を設定するとき，以前はよく玩具の電話を2台教室に持ってきたものです。現在は，携帯電話という便利なものがあります。そこでは，より実際的な場面をつくることができます。JTEかALTかのどちらかが教室に姿を見せないで，何かの用について話をするのです。その際，電話で用いられる特有の英語を導入することができます。

Hello, this is Takako speaking.
May I speak to Mr. Nakayama?
Hold on, please.
Thank you for calling.

実践的なコミュニケーションの能力を身につけさせるためには，まずこのようなできるだけ現実的な場面を見せ，体験させることです。

(5)　場面・状況を把握させる

場面を把握することができても，その場面特有の表現しか理解できません。電話という場面であれば，その表現，例えばThis is Ken speaking. May I speak to Bob? などのみになります。実際の場面では，これらの定型的な表現が重要なのではなく，電話によってなにかの目的を果たすことが当然であるわけです。遊びの約束，宿題についての質問，友達のこと，等々の内容で会話することになります。それは場面ではなく，状況の問題になります。

日本語を使わずに英語を理解させる第二のポイントは，この状況を理解させることです。授業においては，この状況を理解させる手だてを講じなければなりません。突然に，What do you like? という質問を生徒にすると，どう答えたらよいかわからないでしょう。何について尋ねられているのかわからないからです。中身があまりにも曖昧だからです。仮にWhat sport do you like? と尋ねても根本的には変わらない。唐突な質問についていけないことが多いのです。生徒は答えられなっかたことで，英語が難しいと感じ，英語嫌いになるかもしれません。

このWhat do you like? という英文を単独で用いるのではなく，コンテクストの中で用いるのです。例えば，次のようにです。

T: Do you like sports?
S1: Yes, I do.
T: Do you like sports, too?
S2: Yes, I do.
T: What (sport) do you like?
S2: I like soccer.

もう一つ例を示しましょう。交通手段を尋ねる How の導入です。

T: Do you come to school by bike?
S1: Yes, I do.
T: Do you come to school by bike, too?
S2: Yes, I do.
T: Do you come to school by bike, too?
S3: No, I don't.
T: How do you come to school?
S3: By bus.

細かなことですが，Wh-疑問文は，それを使用する前に Yes・No-疑問文を何回か用いると，その間に生徒は状況を把握しやすくなります。特に，新しい Key-expression として導入するときはこのような配慮が必要です。

(6) 自然なコンテクストを作り上げる

場面を設定するということは，場面に応じた英語を使うということです。その場面の中で自然なコンテクストを作り上げるということです。目標とする表現や言語材料を無理なく生徒に知らせるということです。

例えば，〔主語＋動詞（call）＋目的語＋補語〕という文型があります。その文型を導入するとき，従来は次のように行われていたのではないでしょうか。

①基本文の提示

② callの意味「～を―と呼ぶ」

③基本文の意味

④基本文の一部を入れ替え練習

⑤基本文と同じ文型の文の和訳

⑥基本文と同じ文型になるような和文を与えて英訳

この手順にしたがった導入は，基本文に焦点を合わせて理解させるという点において，決して意味のないことではありません。何回も繰り返して聞かせたり話させたり，あるいは読ませたり書かせたりしているうちに，身についていくでしょう。しかし，この手順には大きな難点があります。あまりに機械的すぎるために，おもしろくないということです。単に単語を入れ替えたり，和訳や英訳をしたりするだけで，英語をコミュニケーションの道具として使っていないのです。和訳や英訳はできるが，使えないということになりかねません。

生徒にはその基本文が実際に使われる場面を見せる必要があります。そこで筆者が実際に指導したプロシージャーを紹介しましょう。

JTE :　Who is absent today?

Student : Takashi is.

JTE :　（欠席者の名前を出席簿につけようとするが，あいにくペンを持っていない）

○○, do you have a ball pen?

ALT : Excuse me?

JTE :　Do you have a ball pen?

ALT : A ball pen?

JTE : Yes, a ball pen.

ALT : Sorry, I don't have a ball pen.

JTE : I found a ball pen in your pocket.

ALT : Is this a ball pen?

JTE : Yes, it is.

ALT : We don't call it a ball pen. We call it a ball point pen or a pen.

JTE : Oh, really? Please lend me your pen.

ALT : O. K. Here it is.

JTE : Thank you.
(借りたボールペンを使おうとするが，壊れていて書けない)
It's broken. ○○, do you have a sharp pencil?

ALT : Excuse me?

JTE : Do you have a sharp pencil?

ALT : I'm sorry. I don't have one.

JTE : Yes, you have one in your right hand.

ALT : This?

JTE : Yes.

ALT : We call it a mechanical pencil.

JTE : Oh, I see. You call it a mechanical pencil in English.

ALT : That's right.

このプロシージャーには二つのポイントがあります。一つ目は，日英語の違いを示すことです。二つ目は，call を実際に使ってみせることです。

場面を設定したら，次にその場面の中に生徒を引き込むことです。具体的な方法としては，インタラクションをすることがあげられます。例えば，次のようにです。

ALT : Do you call it a stapler?

Student: No, I don't.

ALT: What do you call it in Japanese?

S: Hotchikisu.

ALT:（マジックを持って）How about this? What do you call it?

S: Majikku inki.

ALT: Oh, you call it a majikku inki. We call it a magic marker.

（7）直聞直解

英語を聞いて理解するとは，耳に入ってくる英語をその順番にイメージ化できるということです。たとえ1文であっても，最後まで聞いてあとから訳しなおすということではありません。例えば，I went to the gym to play basketball. という文であれば「私は体育館へ行った」をまず理解し，次に何のために行ったかを把握することが必要です。それを文末まで聞いたあとに「バスケットボールをするために」とまず理解し，次に前に戻って「私は体育館へ行った」と理解する習慣を身につけていると，文が次々に出てくれば意味を把握することができないでしょう。そうすると，いつまで経っても，文を前から理解することができません。ではどうすればよいのでしょうか。前から順にイメージ化させることが必要になってきます。

先に示した副詞的用法の不定詞を導入する際には，その文を一気に聞かせるだけでは，意味を把握させるのに無理があります。そこで，例えば次のように，教師と生徒とのQ＆Aを通して理解させる方法があります。

T: Did you go to the gym yesterday?

S1: Yes, I did.

T: Did you go to the gym yesterday, too?

S2: No, I didn't.

T: How about you? Did you go to the gym yesterday, too?

S3: Yes, I did.

T: To play tennis?

S3: No.

T: To play basketball?

S3: Yes.

T: Did you go to the gym to play basketball?

S4: Yes, I did.

T: Did you go to the gym to play basketball?

S5: No, I didn't.

T: Why did you go to the gym?

S5: To play volleyball.

このようなQ＆Aを通して導入する際に留意しなければならないことは，新しい文型の中に未習の語を含めないということです。ここではgymという語が生徒にとって既習のものであるということが前提になります。たとえ既習であってもgymの意味を忘れていた場合は，この方法で導入することはできないでしょう。

留意点①

新文型・新文法事項を導入する場合，その文に未習の語を含めないこと。

これまで何度も繰り返して述べてきたように，新しい文型・文法事項を日本語を用いずに導入した場合，生徒がその意味をきちんと理解しているかどうかをチェックする必要があります。和訳でもよいから確認しておくべきです。

（8） インタラクションをしながら進める

教師が生徒に対して，学習したことを理解したかどうか，あるいは今までに学習したことを記憶しているかどうかを確認するだけの授業から脱皮しなければなりません。教師から発せられる質問が，常に理解度や記憶度を試すものばかりであれば，生徒は自分を表現し，生かす機会を持つことができないに違いありません。その学習はやはり受け身的なものと言えるでしょう。

英語学習がおもしろいと感じるためには，自分の既に持っている知識をなんらかの形で表現することです。よく最近の教育は知識偏重に陥っているといわれます。教師は知識のみを生徒に詰め込んでいるのではないか，ということでしょう。知識を蓄積することは決して悪いことではありません。しかし，蓄積するだけでは不十分であるとは言えます。知識を与えることのみの指導から蓄えられた知識を引き出す指導へ転換する必要があります。

留意点②

既に持っている知識を生徒から引き出すこと。

例えば，“Australia is the smallest continent in the world.” という文において最上級を導入する場合，形容詞の語尾に est をつけるという文法事項は必ず説明しなければならないことがらであるということはいうまでもありません。そして，「オーストラリアは世界中で最も小さな大陸です」と訳をして終了となれば，文字通り理解と記憶をさせるいわゆる教え込みになってしまいます。「smallest は最上級であり，最上級の前には the をつける。意味は『最も小さな』である」と教え込むことになります。この基本文を単に言語材料として捉えるのではなく，題材として考えることはできないものでしょうか。題材として考えるとは，日本語に直すというのではなく，社会科などで学んだことを，この英文と接することによって思い起こさせるのです。次のような教師と生徒，あるいは教師同士の会話で進めることができます。

黒板に貼った世界地図を見ながら Q & A を行います。先にも述べたように，たくさんの英文を用いると効果的です。

T: Look at the map. This is the map of the world.
　(日本を指して) What is the name of this country in English?

S: Nippon.

T: Say it in English.

S: Japan.

T: That's right.

(北アメリカ大陸を指して) What is that?

S: America.

T: Yes. What America?

S: North America.

T: That's right. This is the North American Continent.

How about this?

S: South America.

T: Yes. The South American Continent.

What continent is this?

S: It's the African Continent.

T: How about this?

S: The Australian Continent.

T: This is the biggest continent. Do you know the name of this continent?

S: ユーラシア。

T: It's Yuurashia or the Eurasian Continent.

O. K. There are six continents in the world.

North American Continent, South American Continent, African Continent, Australian Continent, Eurasian Continent. What's one more?

S: 南極大陸。

T: That's right. 南極大陸 is the Antarctic Continent in English.

By the way, the Eurasian Continent is the biggest in the world. What is the second biggest continent?

S: Africa.

T: Yes. The African Continent is the second biggest.
What is the smallest continent?

S: 南極大陸。

T: No, it isn't.

S: Australia.

T: Good. Australia is the smallest continent.

このようにインタラクションを続けることによって，生徒の焦点は文型や文法事項から内容の方に移動します。無意識のうちに内容を考えるようになるのです。

また，このようなインタラクションをしている間に，内容について次のように概要を把握することができるでしょう。

・大陸は英語では continent ということ。
・北アメリカは North America，南アメリカは South America，ユーラシアは Eurasia ということ。
・世界には六つの大陸があること。
・一番大きな大陸はユーラシア，一番小さな大陸はオーストラリアであること。
・その他に，「2 番目に大きな」は second biggest ということ。

ここでも文法事項の最上級の est の意味を明確に理解しきれないかもしれません。その場合は改めてこの est の意味を指導する必要があります。生徒の答えがたとえ正確であったとしても，最後にはきちんと押さえておくことを忘れてはなりません。

2　コミュニケーション能力の育成

生徒のコミュニケーション能力を育成するためには，英語を使うことの必然性を認識させることが必要です。授業において，次のような活動を示すことを心掛けるべきでしょう。

・JTE と ALT との間で，インフォメーション・ギャップのある会話を行うこと。
・JTE（ALT）と生徒の間で，インフォメーション・ギャップのある会話を行うこと。
・生徒同士でインフォメーション・ギャップのある会話を行わせること。

①　平生の授業では，教科書の内容を題材にして進められることが多いと思われます。そのために，教師と生徒，あるいは生徒同士の会話はどうしても教科書の内容や言語材料の方に焦点が絞られます。日常の実際の生活についてコミュニケーションすることが少なくなってしまうのです。長い間，英語を勉強していても日常会話一つ十分にできない，という批判が英語教育に浴びせられます。日常会話ができないのは，日常会話を練習する機会が英語の授業においても実生活においてもあまりない，ということが原因であると考えられます。ですから，気楽に文法など気にしないで行う会話の機会を授業の中に取り入れることが必要です。

留意点③

授業中は daily conversation（日常会話）の機会を取り入れること。

では，どのような会話をいつ行えばよいのでしょうか。たいていの授業には，グリーティングやウォーム・アップの時間があります。その中で行えばよいのです。話し合う中身は無数にあります。「天候」「スポーツ」「趣味」「旅行」「テレビ番組」「友人」「家族」「祭り」「食べ物」「ファッション」「ペット」等々です。

この日常会話を行う際に留意すべきことは，新しい語彙（未習の語彙）をあまり用いすぎないということです。もちろん全ての語彙を既習のものに限ろうとすると，コミュニケーションそのものが行えなくなるかもしれません。おそらく生徒は自分の知っている語彙や文法のみを使って話をするでしょう。教師の側もできるだけ生徒の知っている語彙・文法を選択して会話をすべきでしょう。

もし，仮に未習の語彙・文法を用いたいとするならば，生徒にも理解できるように，換言したり，例を示したり，ジェスチャーなど視覚に訴えるものを用いたりする必要があります。

留意点④

daily conversation（日常会話）では，できるだけ既習の語彙，文型・文法を用いること。

しかし，このような会話をしているときには，どうしても新しい語彙・文法を使わざるをえないことが出てきます。そのときこそ，新しい語彙・文法を導入する最も適切な時期だと言えます。なぜなら，そのとき新しい語彙・文法を用いる必然性があるからです。

②　コミュニケーション能力を育成するためには，日頃から教師と生徒，あるいは生徒同士でコミュニケーションをする必要があります。ただし，英語をお互いに話していれば，それでコミュニケーションが成立しているかといえば，必ずしもそうではありません。教師が生徒に英語で質問し，生徒が英語で答えたとしても，その質問や応答の中身が問題です。例えば what という疑問詞を導入したいときに，What's your name? と教師が質問し，生徒が My name is Yoshio Tanaka. と答えたとします。しかし，教師は生徒の名前を知らないから質問をしたのではありません。既に知っているにもかかわらず尋ねたのです。つまり，新しい語彙や文型・文法事項が理解されているか確認したにすぎないのです。それはコミュニケーション活動というより，むしろ学習活動だと言えます。

それに対して，生徒が ALT の「エリザベス・A・田中」のミドル・ネームが何かわからないので，What's your middle name? と尋ね，It's Akemi. と答えたとすれば，両者の間にコミュニケーションが成立したことになります。わかっているかを確認する質問だけではなく，わからないことを質問することが必要になります。

留意点⑤

知らないことやわからないことを質問すること。

③　既習の語彙や文型・文法事項，あるいは表現を使って，自分の知らないことを質問するのは決して難しいことではありません。あまり固く考えないで，どんどん質問することです。例えば，生徒がどんなクラブに入っているか知らないときは，Are you a member of the baseball club? と尋ね，No. と答えたならば，What club are you in? とさらに質問するとよいでしょう。この種類の質問を授業前にたくさん準備しておくことが必要です。

④　このような daily conversation においても，質問するのは常に教師であり，答えるのは常に生徒であるというパターンに陥りがちです。そこでコミュニケーションを双方向性のものにするために，生徒の側からも質問させる手だてを講じなければなりません。その第一は，尋ねられた質問と同じ内容の質問をし返すことです。例えば，次のようにです。

T: Do you like sports?
S: Yes, I do. Do you like sports, too?
T: Yes, I like sumo.

あるいは，How about you? という表現を使わせるのもよいでしょう。

T: Have you ever been to Australia?
S: Yes, I have. How about you?
T: No, I've never been there.

留意点⑥

コミュニケーションを双方向性のものにするために，同じ質問をさせたり，How about you？と尋ねさせたりすること。

内容を発展させて，生徒はできるだけ多くのYes・No-疑問文を発することが重要ですし，さらにWh-疑問文で質問することも身につけなければなりません。ただし，生徒にいきなり質問せよと言っても，なかなかできるものではありません。生徒の発言を増やそうと思えば，JTEとALTとの間で，あるいは教師が生徒に対してモデルとなるような質問を常にしておくことが必要です。生徒は教師の発する質問を聞いて覚えるものだからです。JTEとALTは生徒の前で生徒にわかるようなコミュニケーションを常にすることが重要です。

⑤　JTEとALT，教師と生徒，生徒と生徒のそれぞれの間における会話も，一問一答でなくて，できるだけ継続して行わせたいものです。英語学習の初期のころは，いやかなりの期間，英語を学習したあとでも，あるいは教師同士であっても，一方の質問に対して他方が応答して終わりというパターンがよくあります。よほど注意しておかないとそのような結果になってしまいます。そこでコミュニケーションを少しでも長く続けるためには，質問に応答するだけでなく，そのあとに何か情報を追加するということが必要になってきます。このことをきちんと意識しておかないと，つい一つの応答だけで終わってしまうことになりがちです。ではどのような情報を追加すればよいのでしょうか。

まず，尋ねられた質問に対して応答するだけでなく，その応答に1文をプラスするというものです。応答をさらに詳細に説明したり，理由づけをしたりします。

例えば，次のようなQ＆Aが考えられます。

例1　詳細に説明する。

A: Do you have any pets?
B: Yes, I do. I have a dog.

A: Do you like novels?
B: Yes, I do. My favorite novelist is Soseki.

A: Did you watch the baseball game on TV?
B: Yes, I did. It was very exciting.

A: Who is your homeroom teacher?
B: Mr. Kurose is. He teaches us music.

A: Where do you live?
B: I live in Kosaka City. I've lived there since 1996.

A: How do you go to school?
B: By train. I take the JR train.

例2　理由を述べる。

A: Did you go to Kyoto?
B: Yes, I did. I went there to meet my friend.

A: Is the bus late this morning?
B: Yes, it is. It snowed a lot yesterday.

A: Do you study French every day?
B: Yes, I do. I'll go to France next year.

A: Was he absent from school yesterday?

B: Yes, he was. He had a cold.

A: Was she in time for the meeting?

B: No, she wasn't. She missed the train.

A: Do you have a pen?

B: No, I don't. I left it in the room.

例3　同じ内容の質問を相手に問い返す。

A: Are you interested in shogi?

B: Yes, I am. Are you interested in it, too?

A: No, I'm not.

A: Did you eat natto?

B: No, I didn't. Did you eat natto?

A: Yes, I did.

A: Will you go abroad during the summer vacation?

B: Yes, I will. Will you go abroad during the summer vacation, too?

A: Yes, I will.

例4　話題を拡大する。

A: Do you play the koto?

B: No, I don't. But I play the shamisen.

A: Did you read "*Botchan*"?

B: Yes, I did. I read "*Wagahai wa Neko de aru*" or "*I am a cat*", too.

A: Have you ever written a letter in English?
B: Yes, I have. I've written a letter in French, too.

A: Do you listen to English songs?
B: Yes, I do. I also sing English songs.

1文を追加することができるようになれば，さらにもう1文を追加する練習をすればよいでしょう。内容を詳細に説明したり理由を述べたりする文を混ぜ合わせて用いることもできます。あとでも述べますが，自己表現に役立つ内容を持ち合わせていれば，あと1文とか2文とかいうように細かく指示しないでも，どんどん書いたり話したりできるはずです。アウトプットが長く継続できるか否かは，生徒がどれだけ表現できる内容を持っているかが鍵になります。

留意点⑦

コミュニケーションを継続させるために，応答文にワン・センテンスを追加すること。

次にプラス・ツーの例をいくつか示しましょう。
A: Is there a city library in this city?
B: Yes, there is. It's near the station. It takes about ten minutes on foot.

A: Do you have any pen pals?
B: Yes, I do. He lives in Yokohama. He is a junior high school student.

A: Did you go skiing in Shinshu last winter?
B: No, I didn't. It didn't snow very much there. We couldn't ski.

同様にして，プラス・スリー，プラス・フォーと発展させるといいわけですが，実際の授業ではそれほど簡単にはいきません。そこで，次々に言葉が出てこない生徒には，教師の方から適当な質問を出して，話を引き出すのです。例えば，次のようにです。

T：Do you have any brothers?
S：Yes, I do.
T：How many bothers do you have?
S：One.
T：Is he an older brother or a younger brother?
S：An older brother.
T：How old is he?
S：He is seventeen years old.

上の対話を見てわかるように，Yes・No-疑問文に対する答えには内容を説明するものが含まれていません。積極的に表現することがらがないのです。したがって，なかなか内容を表現する力がつかない。ところが，Wh-疑問文（ここでは，例えばHow old are you?）には，内容を表現する文（ここでは，例えばHe is seventeen years old.）で答えなければなりません。このことが自分を表現する訓練になります。

Yes-Noで答えることを，仮に「消極的な応答」，Wh-疑問文に対して答えることを「積極的な応答」と呼ぶことにします。生徒に自己表現に結びつく発言をさせるためには，教師は対話の中で～or～などの含まれる選択疑問文やWh-疑問文を適当に混ぜ合わせた質問をすることが必要になります。それは積極的な応答を引き出すためなのです。

留意点⑧

談話に結びつく答えを導き出すには，選択疑問文やWh-疑問文を用いること。

⑥　英語の中には，特定の場所や状況でのみ使われる表現（定型表現）があります。これらの表現を知らないとコミュニケーションが始まらなかったり続かなかったりします。いくら考えても類推することの難しいものです。例えば，Thank you. に対する You're welcome. は理屈では理解できないと思います。このような表現は場面を設定して使用し，覚えさせることが必要です。この対の文の例をいくつか挙げてみましょう。

電話で。

A：Hello.

B：Hello.

礼を言う。

A：Thank you very much.

B：You're welcome.

店で。

A：May I help you?

B：Yes, I'm looking for a dress.

初めて会う。

A：Nice to meet you.

B：Nice to meet you.

ものを差し出す。

A：Here you are. / Here it is.

B：Thank you very much.

値段を尋ねる。

A：How much is it?

B：It is ten dollars.

ご機嫌を伺う。

A：How are you?

B：I'm fine, thank you.

失礼をわびる。

A：Excuse me.

B：Sure(ly).

詫びる。

A：I'm sorry.

B：That's OK.

時間を聞く。

A：What time is it now?

B：It's ten o'clock.

名前を尋ねる。

A：May I have your name?

B：Yes, my name is Yuko.

飲食物を勧める。

A：Would you like to drink coffee?

B：Yes, please. / No, thank you.

何か(誰か)について聞く。提案する。

A: How about you?

B: I agree with you.

よろしく伝えてほしいと頼む。

A: Please say hello to Jane.

B: OK. I will.

お願いがあるのですが，と伺う。

A: Would you do me your favor?

B: Sure.

定型的な文は質問する文だけではありません。次のような応答文にも見られます。

賛同する。

A: How about playing the piano?

B: That's a good idea.

誘いに答える。

A: Let's go to the Japanese restaurant.

B: Yes, let's. / No, let's not.

申し出に応じる。

A: Shall I help you?

B: Yes, please.

誘いに応じる。

A: Shall we dance?

B：Yes, let's.

感謝する。

A：This is a present for you.

B：Thank you.

3　双方向の表現力

自分のことを話したり書いたりしようと思えば，話したり書いたりする中身を持っていなければなりません。生徒が何も表現できない原因には，どんなことを表現すればよいのかよくわからない，ということがあります。あるいは，漠然とは持っているが，どのように整理すればよいのかわからないということもあります。例えば，自己紹介するときには，自分の何について話をすればよいのかわからないのです。自分の名前を言っただけで，あとが続かないのはその例です。

そこで，どのように表現すればよいのかを知らせるには，教師がモデルを示すか，モデルとなるような題材を紹介することです。次の文はALTが初めて会った生徒に自己紹介する文です。

ALT：Hello, everybody. My name's John Trainer. I'm from New York. I'm 24 years old. Last year I graduated from university. I studied Japanese language and culture. I'm very interested in language and culture.

生徒にとって上の文が参考になるのは，下記の点においてです。

・どのような文型・文法事項が使われているかがわかる。

・どのような構成（文の流れ）になっているかがわかる。

・どのような内容になっているかがわかる。（ここでは，「名前」「年齢」「出

身地」「家族」「趣味」などです）

以上のことがはっきりと認識できれば，その文章をモデルにして同様のものを自分に合った形で作り上げることができるでしょう。

ここで重要なことを繰り返せば，元の文章がモデルとなるためには，内容を理解し分析することです。表現することに性急になるあまり，元になる英文に触れることをおろそかにすると，何をどのように表現するかわからないという結果になります。生徒が作文を書くのは難しいというとき，英文に十分に触れていないことが多いのです。

留意点⑨

自己紹介させるとき，まず教師がモデルを示すこと。

ALT や教科書の題材の英文をモデルにして，それをまねるだけでは創造的な文を話したり書いたりすることはできません。また，自分を十分に表現することもできません。あくまでも，模倣の段階にすぎないのです。

モデルがなければ自分で英文を作り上げることはおぼつかないし，かといって模倣的な文ばかりで表現するわけにもいかない。そのような生徒に対して，何か適切な手だてがないものでしょうか。

ある仏典に，学問を習得するための一つの方法が示されています。「修・破・離」というものです。「しゅ・わ・り」と読みます。「修」は学ぶべきことがら（原典）を理解すること，「破」は原典の一部を変えること，「離」はその原典から離れることです。特に学習の初期の段階では，教材を理解したあと性急に表現へ移ることは，生徒に難しいと感じさせることになるでしょう。

（1）　言語材料の場合

例えば，下の基本文（ターゲット・センテンス）を，修・破・離の方法で考えてみます。

Ken went to the city library yesterday.

修の段階では，次のことが必要になります。

・どのような文型になっているかを理解する。

・文法事項を理解する。

・語彙の意味を理解する。

・文の意味を理解する。

・どのような場面で使われるかを理解する。

・どのような意図で使われるかを理解する。

・どのように使われるかを理解する。（声の大きさ，調子，速さ，など）

では，破の段階ではどのようなことになるのでしょうか。

・基本文の一部（語彙など）を代入する。

Ken went to the hospital yesterday.

Ken went to the hospital last Tuesday.

などです。

・文を変換する。平叙文を疑問文に変えたり，肯定文を否定文に変えたりします。

Ken didn't go to the city library yesterday.

Did Ken go to the city library yesterday?

などです。

しかし，この段階は学ぶという域を出るものではありません。教師の指示（Cue）にしたがって，一部を機械的に代入したり変換したりするのは自分のことを伝えているわけではないのです。機械的であるためです。従来の指導はこの段階で停止していたように思われます。

仮に，自分を表現することをこの段階に求めるとすれば，教師からの指示を越えて，自分の考えや気持ちなどをその文の中に入るようにすることです。どの部分を変えたりどのように変えたりするかは，生徒自身が考えて決めるのです。

留意点⑩

自己表現に結びつく文型練習では，自分の考えで，一部を代入したり変換させたりすること。

次は離の段階です。修・破の段階はあくまでも理解を中心にする学習活動であると言えます。つまり，元のことがら（言語材料や題材）があって，それを理解することが中心です。しかし，離では，理解を終えたあとの表現の段階だと言えます。

修・破と離の間には根本的な相違があります。前者は元のことがらを理解するという方向があるのに対して，後者は自分のことがらを表現するという方向があることになります。学習する出発点が違うのです。図示すると，下のようになります。

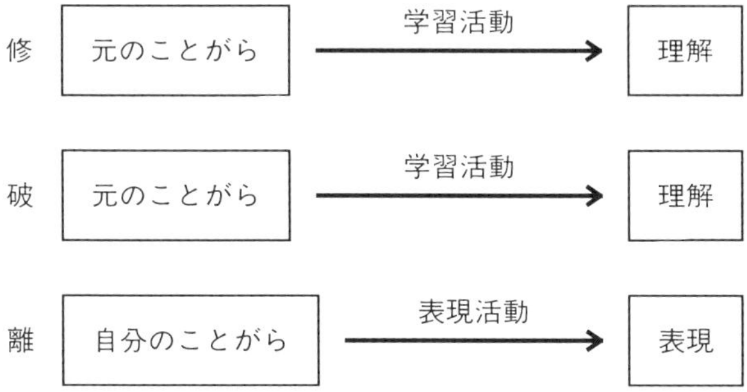

したがって，いくら聞いたり話したりする活動であっても，理解することが目的である場合は，それは学習活動であると言えます。

しかも，修・破と離は，直結しているわけではありません。つまり，修・破の段階を通り越せば自然と離の段階に至るということではないのです。英語は読めるが書けないとか，聞けるが話せないとかいうのはその証左です。

直結していないとすれば，ではどのようにすれば結びつけることができるのでしょうか。離というのは原典（ここでは基本文）から離れるということですから，自分に関係のない語彙を使わずに，自分を表現するのに必要な語彙を自分の考えで選択することになります。言語材料の学習においては，同一の文法事項や文型を用いて，内容を自分のことがらにして表現することです。この言語材料の文法事項が下のように不規則動詞の過去形であるとすれば，Ken went to the city library yesterday. の文から離れて，不規則動詞の過去形を用いて別の文を作ることになります。例えば，I saw Bill yesterday. とか I wrote a letter to my friend. などになるでしょう。

出発点が「自分のことがら」なのですから，それがきちんとあるかどうか，あるいはあることが意識されているかどうか，さらにそれがきちんと整理されているかどうかが，表現に関しては大きな分かれ目になります。

留意点⑪

表現するためには，自分についてのことがらを自分自身が意識しておくこと。

次に，表現したいことに相当する英語の語彙を持っているかどうかです。この時点では，教師は生徒が用いたいと思うであろう語彙を多く与えておくことが大切になります。または，辞書などによって自分で調べる方法を知らせておくことも大切です。

この方法はワークシートを作成するときにも取り入れるとよいでしょう。従来は次のようなものが多かったように思われます。まず，基本文について，特に文法事項の説明をし，和訳をします。次に，同文型・文法事項の含まれている英文をいくつか与えて，日本語に訳します。そして，確認のために，今度はその文型・文法事項と同じになるように日本語を与え，英語に直させます。以上で，基本文についての練習は十分であると考えていたのではないでしょうか。しかし，それでは，修・破・離の方法のうち，修・破の段階が済んだことになるだけです。どうしても，使える英語，あるいはコミュニケーションのための英語という観点からすれば，離へ行かなければなりません。つまり，和訳や英訳で良しとせずに，内容を自ら考え，自ら英文を作る必要があるのです。最後にこのような練習をすることが重要になります。

では，ワークシートの例を次の示しましょう。①は修，②は破，③は離を表します。

① 次の文を日本語に直しなさい。

Show me your album, please.

____

② 次の日本語は英語に，英語は日本語に直しなさい。

ア　Show me your book, please.

____

イ　I'll show you my picture.

____

ウ　地図を見せてください。

____

エ　僕の帽子を見せてあげよう。

____

③ show を使って，「〜を見せてください」という英文を2文，書きなさい。

____

____

（２） 文章（題材）の場合

文章を理解する場合は，基本文（ターゲット・センテンス）のようなワン・センテンスの場合と違って，ストーリー性という要素が加わってきます。つまり，次のようなことが修の段階では必要になります。

・文章全体の内容がどのような意味なのかを理解する。（概要を把握する）
・文章がどのような構成になっているのかを理解する。（文章の流れ（談話）を理解する）
・文章の背景を理解する。
・文章の意図を理解する。（何を伝えようとするのかを理解する）
・1 文ごとの意味を理解する。（必要に応じて和訳する）

よく英語の文章を暗唱させることがありますが，いくら音声に出したとしても，元の英文を全く変えない場合は，やはり修の段階を越えるものではありません。ですから，この段階で学習をストップさせてはならないのです。

破の段階では，元の文章の一部を自分の考えで変えていきます。実際にその学習をしていると，次のことについて頭を働かせることになります。

・どの部分を変えるのかを考えるようになる。
・その部分をどのように変えるのかを考えるようになる。（どのような語，表現に変えるのかを考えるようになる）

文章の場合でも，修・破は学習（理解）の段階であると言えます。元の文章を理解することに中心があるか，あるいは元の文章を基本にしているからです。この修・破の段階の出発点は与えられた英語の文章です。

それに対して，離の出発点は自分のことがらです。つまり，自分の感じたこと，考えたこと，伝えたいことなどがまずあって，それから始まるのです。修・破と離との根本的な相違は，この出発点です。しかし，全く無関係であるというわけではありません。感じたこと，考えたこと，伝えたいことがあっても，それだけでは離の段階の学習を進めることはできません。その学習を進めるためには，修・破で学習したことを用いることが必要なのです。そのことを図示すると次のようになります。

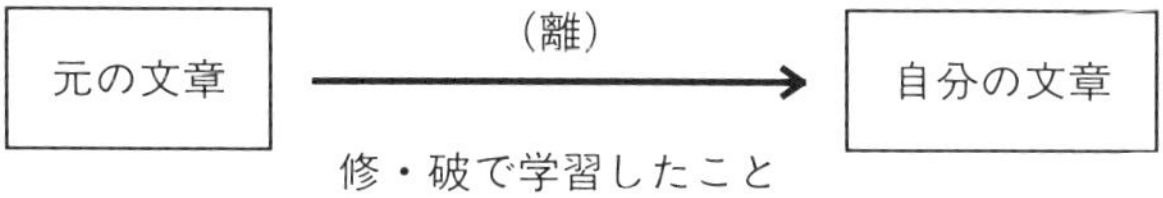

では，実際の教科書にある文章を例にして考えてみましょう。

NEW HORIZON English Course 2, p. 59

> 浩司がスミス先生に，アメリカでのクリスマスの祝い方について尋ねます。
>
> *Koji*: How do you celebrate Christmas at home?
>
> *Ms. Smith*: In the morning I go to church with my family. After we come home, we exchange gifts. Then we visit my parents for dinner. We enjoy having Christmas dinner with them.
>
> *Koji*: What do you eat?
>
> *Ms. Smith*: Well, there's always turkey with cranberry sauce. I miss it here in Japan.

この題材では，JTE と ALT との会話を聞かせながら理解させる方法があります。Koji のパートを JTE が，Ms. Smith のパートを ALT が担当します。

JTE: Christmas is around the corner. Do you celebrate Christmas?

ALT: Yes, I do.

JTE: How do you celebrate Christmas at home?

ALT: In the morning I go to church with my family.（教会の写真を見せながら）This is the church. After we come home, we exchange gifts. Then we visit my parents for dinner. We enjoy having Christmas dinner with them.

JTE: What do you eat?

ALT: Well, there's always turkey with cranberry sauce. I miss it here in Japan.

1回目のJTEとALTとの会話による内容紹介では，できるだけ英語の音声のみにより行います。日本語を挿入したり視覚に訴えるものを用いたりしすぎると，音声よりも日本語や視覚に訴えるものに頼るきらいがあるからです。

しかし，1回聞いただけでは十分に理解できないでしょう。そこで，2回目は，多様な手段を用いて，納得できるようにします。例えば，次のようにです。

・視覚に訴えるものを用いる。(写真，絵，ジェスチャー等)
・必要に応じて日本語を用いる。
・パラフレイズする。
・思考を促す。(揺さぶりをかける。話の途中にポーズをおく。問いかけをするような口調にする)
・文字を見せる。
・擬声音を用いる。
・話の内容を黒板に整理しながら話す。
・長い文は短くする。
・複雑な文法を持つ文は簡単な文にする。
・間接話法を直接話法に変えたり，その逆にしたりする。
・抽象的な意味を持つ語や表現は，具体的な内容を持つものにする。
・帰納的な方法で，いくつかの例を出す。

いうまでもないことですが，内容を理解させるために上の手段を全て用いる必要はありません。あまり多くの手段を交錯させると，かえって混乱させることになるでしょう。一番理解を助ける方法を用いるとよいと思います。

では，先の英文をもとにして，実際のJTEとALTとのダイアローグを考えてみましょう。

ALT：○○-sensei, Merry Christmas!

JTE：○○, Merry Christmas to you! Do you say "Merry Christmas!" to each other in your country?

ALT：Yes. I go to church（教会の写真を見せる）with my family on Christmas day.

JTE：With your family?

ALT：Yes, with my wife and children. And after we come home, I give my wife a present. She gives me a present, too. I also give presents to my children.

JTE：What kind of presents do you give them?

ALT：For example, book, flower, glove, doll, candy, etc.

JTE：I see.

ALT：We visit my parents for dinner. We enjoy having Christmas dinner with them.

JTE：What do you eat?

ALT：Well, there's always turkey with cranberry sauce.（絵を見せる）

JTE：Do you eat Christmas cake?

ALT：Sometimes. But some families don't eat one.

このJTEとALTの対話を聞かせることには，次のような意図があります。
・英語を聞いて，内容を理解する力，いわゆるリスニングの力をつける。
・テーマ（ここではクリスマス）についてどのような内容で会話を行うか，一つの例を示す。
・新しい語彙や表現をまず音声で導入する。
・次の自分のことを話すきっかけを与える。
・教科書の文章を膨らませることによって，異文化を理解させる。

次に，離ではどのような工夫が必要なのか考えてみましょう。ここでは教科書の文章から離れて現実の状況に合った内容の会話になります。JTEとALTの会話を聞くだけではなく，生徒もその会話の中に加わります。

ALT: Do you celebrate Christmas at home?
JTE: No, I don't. I'm not a Christian. But I enjoy having Christmas dinner.
ALT: Oh, really? What do you have?
JTE: I eat yakitori, and drink champagne and beer with my friends.
ALT: Do you eat turkey, too?
JTE: No, but we sometimes eat chicken instead of turkey.
ALT: Do you celebrate Christmas, S1?
S1: No, I don't.
ALT: You eat special food, don't you?
S1: Yes, I do.
ALT: What do you eat?
S1: I eat Christmas cake with my family.
ALT: Christmas cake?
S1: Yes. I eat chicken, too. But I don't drink beer because I'm young.
ALT: How about you, S2? Do you celebrate Christmas?
S2: Yes. I go to church with my family on Christmas eve. And we sing Christmas songs in the church.
ALT: Do you exchange gifts with each other?
S2: Yes, I do. I gave my friend "kokeshi", I got a good pen last year.
ALT: Do you celebrate Christmas, S3?
S3: No, but I have a Christmas party with my friends.
ALT: Christmas party?
S3: We talk, play games, eat cake and candies, and drink cola at the party.

離における学習では，上のような会話形式によるものと，次に示すようなスピーチ形式（自己紹介等も含める）によるものがあります。その際は教科書の文章を参考にすることができます。

S: I celebrate Christmas. But I'm not a Christian, so I don't go to church. I have a Christmas party with some of my friends at home. After that we go to karaoke and sing enka and pops.

コミュニケーション能力のうち，話したり書いたりするという表現の能力は，自分の立場で，自分のことをアウトプットすることによって伸長するものだと考えられます。自分の立場で，自分のことをアウトプットする過程では，何を（表現内容），どのように（表現方法）表現するとよいのかを考えるものです。この途中の思考，判断，選択を経験させることが，英語がコミュニケーションの手段として行われていることを実感させることになるのです。

よく生徒は英語を話せるようになりたいと言いますが，話す領域における離の段階に到達したいということを意味しているのです。したがって，教師は常に離の段階に至ることを目指して指導することが必要になります。

留意点⑫

学問修得するためには，理解(修)し，応用(破)し，一般化(離)して自分のものにするというステップを踏むこと。

4　インタラクションをしながら進める授業

教師と生徒，あるいはJTEとALT，生徒同士が授業の中でインタラクションを行うということは，英語をコミュニケーションの手段として使うということにほかなりません。新しい語彙や文法事項，内容を導入する際には教師からの一方的な教え込みではなく，生徒の既に持っている知識を引き出したり，考えや気持ちを表現させたりしながら進めるということです。文字を通してのインタラクションも考えられますが，ここでは主に音声を通してのインタラクションの例を示してみたいと思います。

（1） 語彙の場合

例えば，「教科」に関する語彙を導入するには，「英語＝English」「数学＝math」「理科＝science」「体育＝P. E.」などについて，「English は英語，math は数学，science は理科，P. E. は体育，という意味です」などというふうに教え，覚え込ませる方法をとることがあります。この方法は簡単で能率的に思われるかもしれませんが，実は，丸暗記を強要しているために生徒たちはおそらくイメージを浮かべることもなく，あるいはその語彙の使用法を考えることもなく，覚えようとするでしょう。そうすると，いったん忘れてしまうと，なかなか思い出すことができません。思い出すための手掛かりを持たないからです。このような丸暗記を強いたとしても，無意識のうちに自分なりの方法で記憶する生徒もいることはいます。しかし，そのことを全員に期待するわけにはいきません。

そこで，英語を情報伝達の手段として使いながら導入することがよいと思われます。たとえ新しい語彙であっても，すぐに日本語訳を与えるのではなくて，英語で導入するということです。

JTE： I'm an English teacher.
ALT： I'm an English teacher, too.

ただし，上の文の teacher，too は既習の語でなければなりません。もし teacher も新出の語であれば，二人の教師の対話から意味を類推することはできないでしょう。

I'm an _________ _________.

のような文で意味を考えさせようとしていることと同じになるからです。それ

に対して,

I'm an _________ teacher.

ならば，現実に目の前にいる教師のことについて言っていることだと想像がつきます。しかし，まだ十分だとは言えません。そこで，次々に生徒の知っている教師の名前を出していきます。

JTE : Ms. Kita is an English teacher, too.
(北先生は，他の学年の英語の先生である，ということを生徒は知っている必要があります)
ALT : Is Mr. Matsumoto an English teacher?
JTE : Yes, he is.
ALT : Is Mr. Okada an English teacher, too?
JTE : No, he isn't. He is a science teacher.
ALT : Is Ms. Fukuda a science teacher?
JTE : Yes, she is.
ALT : Is Mr. Tanaka a science teacher, too?
JTE : Yes, he is.
ALT : Is Mr. Mizuno a science teacher?
JTE : No, he isn't. He is a math teacher.
ALT : What does Ms. Kitano teach?
JTE : Japanese.
ALT : Is Ms. Wada a Japanese teacher, too?
JTE : Yes, she is.

このように，身近なことがらを題材にして新しい語彙を導入することが可能です。

次に，同じく新しい語彙を導入する場合ですが，生徒の既に持っている知識を引き出しながら進める方法を紹介しましょう。"capital" の導入です。

ALT : Tokyo is the capital of Japan.
Paris is the capital of France.
(Paris の意味を生徒が知っているということが前提です)
Is New York the capital of the United States?

S1 : No, it isn't. Washington is.

ALT : Washington D.C. is the capital of the United States.
Do you know the capital of England?

S2 : Yes. London.

ALT : What's the capital of Australia?

S3 : Sydney.

ALT : No, Sydney isn't the capital of Australia.
Do you know the capital of Australia?

S4 : Canberra.

ALT : That's right.

このようなインタラクションを続けているうちに，おぼろげだったcapitalの意味が明確になるし，また，知らず知らずのうちに，「capital＝首都」という概念から離れて，内容そのものを考えるようになるのです。ここでは国の首都がどこなのかを思い出そうとするようになるのです。

以上の二つの例から，インタラクションをしながら進める授業におけるメリットが明らかになります。

・英語を使う練習をするという意識から，英語を使うという意識に変わる。つまり，文法事項などにこだわらずに内容面を考えるようになる。
・コミュニケーションを図ろうとするようになる。つまり，相手がどんなことを話しているのかを聞き取ろうとするようになるし，自分もどう伝えようかを考えるようになる。
・覚えることだけではなく，考えようとするようになる。
・したがって，生徒自身も応答したり思考したりするため，集中して授業に入り込めるようになる。

（2）　文章（題材）の場合

文章（題材）を導入する際には，いくつかの点に留意しなければなりません。教科書の文章をそのまま生徒に聞かせて，それでリスニングの指導としないことです。概して，教科書の文章には新出語彙や文法事項などの未習の材料が含まれています。内容的にもあまり余分なものは含まれていません。したがって，生徒に理解させようと思えば，既習の英語で補ったり，別の英語に言い換えたり，何回か繰り返したりすることが必要になってきます。次の文章を例にして考えてみましょう。

ONE WORLD English Course 2, p. 38

> This is the Statue of Liberty. It was made in France. It was given to the United States as a birthday gift in 1884.
>
> Years ago, many people left Europe and came to America by ship. They wanted freedom. They first stopped at Ellis Island. Ellis Island meant freedom to many new Americans.

ティームティーチングにおいては，コミュニケーション活動としてデイリーカンバーセイションがよく行われます。ところが，文章（題材）に関して理解を深めたり思考したりするためのインタラクションが非常に少ないように思います。デイリーカンバーセイションにはそれなりの意義はあるのですが，つい表面的なありふれた，ある意味では形式的なものになってしまいます。教師の方も何を話題にしたらよいのか困ることになり，マンネリ化して，会話自体に興味を示さなくなります。生徒たちの知的好奇心を呼び起こすには教科書の本文を利用することが効果的です。しかし，本文の原文通りの英語では，生徒にとっては非常に難しいと知らなければなりません。新出の語彙や表現の意味は未だわからないと仮定すれば，次のような英文を聞いているのに等しいからです。

This is the ______________________. It was made in ___ ______. It was ________ to the _________________ ___ a birthday gift in 1884.

Years ago, many _________ left _________ and came to America ___ _______. They wanted __________. They first stopped at ______________. ________________ ________ __________ to many new ______________.

もちろん音声で導入すれば，なかには新出であっても，今までに聞いたものがあるでしょうし，固有名詞などは日本語から類推できるものもあるでしょう。しかし，それでも明確に理解したと納得するわけではありません。したがって，このブランクの部分の英語を理解させる工夫が必要になってきます。先に述べた視覚に訴えるものを用いる方法があります。ここでは，JTEとALTの間で，あるいは教師と生徒の間で行われる英語でのやりとり，つまりインタラクションをしながら理解させる例を出しましょう。

次のような地図や絵を用いると理解を助けることになります。(①～⑥の番号に合うように英語を話す)

ALT: ① This is the Statue of Liberty.
(「自由の女神」の写真を見せる)
Where is it?
S: ② It's in America.
ALT: That's right. What part of America is it in?
S: ③ It's in New York.
ALT: Yes. But the United States didn't make the Statue of Liberty.
Do you know who made it?

①

②，③

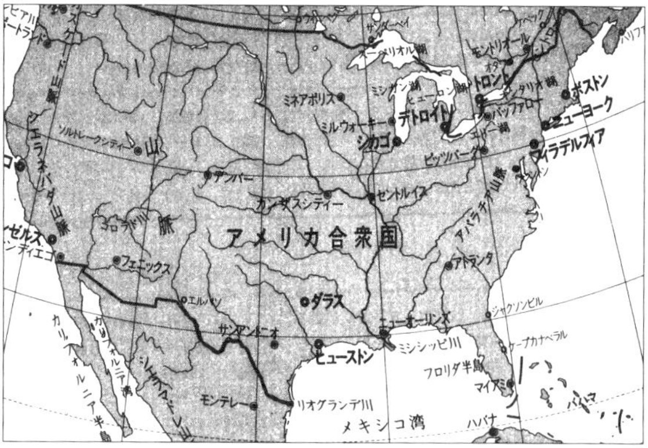

アメリカ合衆国
ミネアポリス
ミルウォーキー
シカゴ
デトロイト
トロント
モンテリオール
ボストン
ニューヨーク
フィラデルフィア
ピッツバーグ
バッファロー
サンダーベイ
スペリオル湖
ミシガン湖
ヒューロン湖
オンタリオ湖
エリー湖
ソルトレークシティー
デンバー
カンザスシティー
セントルイス
フェニックス
エルパソ
サンアントニオ
ダラス
ヒューストン
ニューオーリンズ
ミシシッピ川
アトランタ
アパラチア山脈
ジャクソンビル
ケープカナベラル
フロリダ半島
マイアミ
ハバナ
メキシコ湾
モンテレー
リオグランデ川
コロラド川
シエラネバダ山脈
ロサンゼルス
サンディエゴ
カリフォルニア湾
カリフォルニア半島
ハリファクス

④，⑤

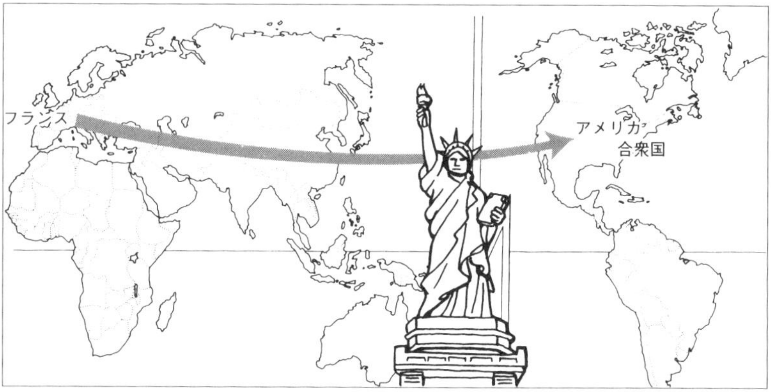

フランス
アメリカ合衆国

⑥

S:　I don't know.

ALT: How about you? Do you know?

S:　France.

ALT: Where is France? Point on the map.

S:　Here.

ALT: Right. ④ It was made in France. And ⑤ France gave it to the United States as a birthday gift in 1884.

When is the birthday of the United States? Anyone?

S:　The Fourth of July.

ALT: Good.

⑥ By the way, years ago many people（「船上にたくさんの人々がいる」絵を見せる）left Europe.（地図上のヨーロッパを指す）

JTE: What does Europe mean in Japanese?

S:　ヨーロッパ。

ALT: And they came to America（地図上のアメリカを指す）by ship.（船の絵を見せる）

Why did they come to America?

S:　....

JTE: どうして彼らはアメリカに来たと思いますか。想像のつく人？

S:　土地が欲しかった。

JTE: そういう人もいたかもしれないね。他には？

ALT: They wanted freedom.

What does freedom mean?

JTE: It means 自由.

ALT: Freedom means 自由 in Japanese. Freedom is 自由.

They first stopped at Ellis Island. Ellis Island meant freedom to many new Americans. Ellis Island is the symbol of freedom.（symbol は，1年生のときに既習である）

JTE：Do you remember “symbol” in Japanese?
S：　象徴。
JTE：Yes.

教科書の文章を教えるのに，そこに書かれている語彙しか使ってはいけない，と思わないことです。むしろ，ある英文を導入するために，その何倍もの語彙や内容を用いることが必要です。ただし，そこに注意すべきことがあります。それは，生徒にとって理解しやすい語彙，イメージの浮かべやすい語彙を用いることです。一つの語をそれだけで理解させることは非常に難しい。一つの語を多くの語を用いて理解させることです。

5　自己を表現する力

自己を表現する，というときの「自己」とはどのようなものを指すのでしょうか。意識していなければならないことは，自分のことや自分の持つ情報を他者に伝えるということです。生徒たちがよく行う暗唱という活動，記憶するために空で一人で口に出すという活動は自己を表現していることにはなりません。

留意点⑬

自己表現とは，「他者」に自分のことや自分の持つ情報を伝えること。

では「他者」とは，具体的にはどのような対象を指すのでしょうか。生徒の場合は，別の生徒であり，教師になります。また，その数も異なります。「一人」か「少数」，あるいは「不特定多数」というふうにです。その内，授業中に最も日常的に行われるのは，「他者」が「一人」の場合，次に多いのは「少数」の場合です。「不特定多数」を対象にするのは，スピーチや暗唱，研究発表などになります。

「他者」が「一人」の場合と「二人以上」の場合とで違う点は，「一人」の場合は，たいてい「他者」とやりとりがあるという点です。これは，実はたいへん大きな違いです。前者は相手の発言を聞き取るという作業に加えて，それに即座に対応して表現しなければなりません。この即座に対応して表現する力を身につけさせようとする指導が，これまでの英語教育には不足していたように思われます。確かに教師と生徒，生徒同士の会話は行われていましたが，よく見てみると，一方が質問し，他方が答えるというパターンが圧倒的に多かったのです。それは二人のうちの一人のみが表現していることになりますが，もう一人は表現しているというより質問ばかりしていることになります。コミュニケーションはなぜ必要かという視点に立てば，情報を伝達するという行為は双方向的なものでなければならないと思います。

それに対して，後者は表現するまでの間に，内容や方法を吟味したり，資料を収集したりするなど時間的な余裕がありますし，情報を伝達するという行為も通常は一方向的なものです。

自分のことがらや自分の持っている情報を伝達するという行為は同じであっても，他者と即座に対応するかしないかによって表現の方法は大きく異なるものであり，自己を表現する力はこの両者の力を意味するものであることを認識しておかなければなりません。

①　他者とやりとりしながら行う自己表現は，授業中などでは教師からの質問に答えることによって発揮されます。また，生徒同士のコミュニケーション活動によっても自己表現は行われます。ただし，いずれの場合でもそのパターンからだけでは自己表現活動が行われているかどうかを判断することはできません。教師と生徒が一対一で英語のやりとりを行ったとしても，それが教科書の文章を生徒が理解しているかを確認するために発する質問であれば，生徒は自己を表現しているわけではないからです。生徒同士のやりとりにしても，一方の生徒が教師の代わりに質問し，理解を確認するだけであれば，同様の結果に

なるでしょう。

教師と生徒がやりとりをしながら，生徒に自己表現を行わせるためには，教師の質問の内容が大きく影響します。つまり，生徒が自己を表現できるような質問をする必要があるということです。例えば，次のような問答です。

T：Are you from Kyoto？
S：Yes, I am. / No, I'm not.

T：Do you like sashimi？
S：Yes, I do. / No, I don't.

T：Is he your brother？
S：Yes, he is. / No, he isn't.

T：Can you ski？
S：Yes, I can. / No, I can't.

T：How many pens do you need？
S：Ten pens.

これらの対話では，生徒は自分自身のことを伝えてはいますが，文字通り「はい」「いいえ」という形で表現しているにすぎません。もっと主体的に応答させる方法はないものでしょうか。一歩発展させて，質問には疑問詞を用いて行う方法があります。

T：How do you go to school？
S：I walk to school.

T: What subject do you like?

S: I like math.

T: When do we have a party?

S: Next Sunday.

T: Where is your house?

S: It's in front of the city library.

T: Who(m) did you meet yesterday?

S: I met Yuka.

このような対話においては，話す話題は教師（他の生徒）によって決定されます。しかし，話題は決定されても，何をどのように話すかについては，自分で考えなければなりません。自由度は増していると言えます。

この自由度は話題を自ら決定することによってさらに高まります。自己表現力は，自ら話題を決定し方法を選択することができて，はじめて身についたということができます。

留意点⑭

> 自己を表現するには，自ら話題を決定し，方法を選択すること。

自ら話題を決定する具体例を次に示しましょう。先に掲げた教師が質問し，生徒が答えるという対話のパートを逆にする方法があります。つまり，生徒が質問したり話をする側にまわるのです。初めに発言するということは話題を決定するということです。

S：I have a question.

T：Yes.　What?

S：May I ask you a question?

T：Sure.

S：Would you do me a favor?

T：Sure.

S：Please tell me the way to the hospital.

T：All right.

S：Do you know my brother?

T：Of course, yes.

S：Let's listen to the music.

T：All right. (Yes, let's.)

S：Shall I help you?

T：Yes, please. / No, thank you.

S：Shall we play shogi?

T：Yes, let's.

S：Are you from the States?

T：Yes, I am. / No, I'm not.

S：Why don't we go see a movie?

T : Sorry, I have another appointment.

S : How about taking a break?

T : Great.

S : Won't you join our party?

T : I'd love to.

S : Would you like something to drink?

T : Yes, please. / No, thank you.

S : May I have your name, please?

T : Yes. My name is Shigeo Nakata.

S : Would you pass me the salt?

T : Sure.

S : May I speak to Keisuke?

T : I'm sorry he is out now.

S : I think money is important.

T : I think so, too.

S : Is Saturday all right with you?

T : Yes, it is. / No, it isn't.

S : May I help you?

T : Yes, I'm looking for a T-shirt.

S: Can I try this on?
T: Sure.

S: How much is this?
T: Three hundred yen.

S: Do you have a watch?
T: Yes. It's ten thirty.

S: Excuse me.
T: That's Okay.

S: Does this bus go to Osaka Castle?
T: Yes, it does.

これらの生徒のパートには，対話の最初に発するものもあれば，対話の途中に新たな話題を導くものもあります。いずれの場合も，話の切り出しとして自分の方から発言することになります。

話題の決定を教師が行い，最初に教師から切り出して生徒に答えさせるという方法は比較的容易に行うことができます。平常の授業で行われているごく普通のやり方です。しかし，上の対話のように，まず生徒から口火を切らせるには，どのようなことをしなければならないのでしょうか。最も大事なことは，生徒に話すべきこと，話したいこと，質問したいことなどがあることです。

留意点⑮

自己を表現させるためには，話すべきこと，話したいこと，質問したいことなどを持たせること。

生徒に話すべきこと，話したいこと，質問したいことがあったとしても，従来のように，教師主導型の授業形態では生徒から会話の口火を切ることは非常に困難です。そこで，生徒から教師に話しかける時間や，ペア，グループなど生徒同士のインタラクションの機会を改めて設定することが必要です。

生徒から教師に話しかける時間は，教師から指示を与えることによって，次のように設定することができます。

T: Do you have any questions about this story?
S: Yes. Where was the hero born?

T: Tell me something about your family.
S: There are six members in my family. Grandmother, dad, mom, younger brother, me, and a cat called Tama.

T: What's your opinion about international understanding?
S: Communication between nations is most important.

T: Do you agree with her about that?
S: No, I don't think French is necessary.

T: I'd like you to show us the book you read.
S: O. K. This book was written by a Japanese novelist, Mori Ogai.

T: Tell me as much as you can about what they are doing.
S: A boy is drinking. A girl is reading a book.

上のような会話における教師の役割は，生徒に話させるための指示を与えることにあります。その内容はあまり具体的な指示ではありません。具体的すぎると生徒は自分で内容を考えづらくなるからです。

②　自己を表現する型には，これまでに述べた会話形式と，スピーチや研究発表などのような（不特定）多数の聴衆を対象にした形式があります。通常，スピーチや発表では，即座に発言することが少なく，むしろ考えたり，調べたり，構想を練ったりする，じっくりとした準備の期間があります。

このスピーチや研究発表などの形式は，最も自己表現しやすいものだと言えます。「内容」や「言葉」，「構成」を自分自身が決定することになるからです。「内容」というのは，スピーチの場合は話したいテーマであり，研究発表の場合は研究課題のことです。それらは，生徒が持っている興味，関心によって決定されます。「言葉」というのは使用する語彙や文型・文法のことです。「構成」というのは，スピーチや研究発表の文章の流れのことです。

ア）　どのような内容の文章を作るのかを考えさせるためには，次のような項目を示す必要があります。

・感動したこと。

・新たにわかったこと。

・調べたこと。

・考えたこと。

・他の人に訴えたいこと。

・自分についてのことがら。

・自分の持っている情報や知識。

など。

テーマが決まれば，さらに詳細なこと，具体的なことを考えさせます。

イ）　決まったテーマについて自己表現するために，適切な言葉とはどのようなものであるかを次に考えなくてはなりません。

・単語，熟語，慣用句

・文型，文法

・肯定文，否定文，直接話法，間接話法，平叙文，疑問文など。

表現したいことがらがたくさんあると，つい未習の語彙や文型・文法事項を使おうとします。たいていの生徒は内容をまず日本語で考えるためにそうなってしまうのです。そうするとなかなか文章を作る意欲が持続しません。そこで，できるだけ既習のもの，あるいはplain Englishと呼ばれる英語を用いるように指導する必要があります。plain Englishだけでは内容を十分に伝えることができないかもしれません。しかし，最初からあまり欲張らないほうがいいと思います。コミュニケーションを図ったり，英文を作ったりする意欲をなくさせると本末転倒になるからです。

ウ）　聞き手（読み手）に理解させたり，説得するためには文章の流れに気をつけなければなりません。それには次のことを考える必要があります。

・切り出しは何にするか。
・いちばん伝えたいこと（テーマ）をどこに置くか。
・背景となったことがらをどこに置くか。
・テーマを表現するために，具体的なことがらは何にするか。
・終末はどんな表現にするか。
・長い文章になれば，5W1Hをどこに，どのように配置するか。

エ）　その他，視覚に訴えるものをどう用いるかを考えます。

・ジェスチャー
・絵，写真，図，表
・実物

上にあげたア)～ウ)の要素について，ある教科書の題材をもとに考えてみましょう。久美という女子生徒が犬の訓練所でわかったことや教えられたことをまとめたものです。スピーチという形式にしてもよい文章です。

NEW CROWN ENGLISH SERIES New Edition 1, pp. 80-81

> We Are Partners
>
> きのう，久美は犬の訓練所を見学に行きました。
>
> ①　Many people keep dogs as pets. But some dogs are not just pets. Some dogs help people.
>
> Mr. Hayashi, my father's friend, is a trainer of these dogs. He works at a school for dogs. Yesterday I asked about his work. Then, he showed me around his school.
>
> ②　I asked him, "How do dogs help people?"
>
> He did not answer. But he opened an album. I looked at some pictures.
>
> "Oh, this dog is turning on a light!" I shouted.
>
> Then, Mr. Hayashi explained, "You see, this woman can't move her arms. So she needs a partner."
>
> ③　略

この文章では，感動したことを "Oh, this dog is turning on a light!" というセンテンスで表しています。これがテーマと言えるものであり，話したいこと（書きたいこと）です。人間のパートナーとしての犬の役割を，具象的な動作で表しています。

どういう場面でどういう経過をたどって，この感動する状況に至ったかを①で説明します。

- 犬は，多くの場合，ペットとして飼われていること。
- しかし，すべての犬がそうであるわけではない。人間を援助する犬もいること。

・父の友人の林さんは犬の訓練士であること。
・彼は犬の訓練校で働いていること。
・久美は昨日，彼の仕事の内容について尋ねたこと。
・彼は訓練校の中を案内してくれたこと。

②では，直接話法を用いて感動を伝えようとします。

・「犬はどうやって人間を援助するのですか」と久美が尋ねていること。
・彼はアルバムを見せてくれたこと。
・「この犬は電気のスイッチを入れている」ということ。
・この女性は腕が動かないので，パートナーが必要であること。

以上のように構成がまとまると，どのような語彙と文型・文法，あるいは英語表現を用いるかを考えなければなりません。中学生ともなれば，日本語では知的に高度なことを考えることができます。それらを逐語的に英語に直すのは難しい。日本語の程度に合うくらいの英語の語彙や表現がまだまだ十分に習得されていないからです。よく英語を書く（作文する）のは難しいといわれるのは，このギャップが原因だと思われます。

まず日本語で考えてそれを英語に直すというステップを踏む場合は，その日本語そのものをやさしいものにすることです。例えば，幼児にわかるような日本語を考えることです。あるいは，漢語的な日本語ではなく，和語的な日本語で考えることです。生徒には，「飼育する」ではなく「飼う」，「援助する」での代わりに「助ける」，「労働する」の代わりに「働く」などにあたる語を考えさせます。

また，抽象的な意味を表す語だけでなく，具体的な動作や目に見えるもの，イメージの浮かべやすいものなどを用います。「人間を助ける」だけではよくわからないので，「助ける」中身を具体的に考えます。そこで，「人間の代わりに電気のスイッチを入れる」という表現を考えさせます。「パートナー」だけでは明確なイメージが浮かびません。どうすることによってパートナーとなるのかを考えさせます。「車椅子に乗った人と一緒に外に出ること」だという表現を作らせます。このような手だてを与えながら英語を作らせることによって，自己表現のこつを身につけさせることができるでしょう。

6　思考力を育てる

従来の英語学習の主なものは，内容を「理解する」ことと英語を「覚える」ことでした。現在でも，この二つのことを中心に学習が行われています。英語を表現する，つまり英語を話したり書いたりする場合においても，何（What）をどのように（How）表現するかに学習のほとんどの時間を割いていました。従来の英語授業における「理解すること」と「表現すること」との両者に共通することは，あまり「思考していない」ということです。音声の英語であれ，文字の英語であれ理解しようとする際には，表面に現れていない意図や意向を読み取る（あるいは聞き取る）ことが少ないし，表現する際にも5W1Hで代表されるように「いつ」「どこで」「だれが」「何を」「どのように」「なぜ」したかということを叙述することが中心でした。

思考力を育てるためには，理解する際にも表現する際にも，次の要素を加える必要があります。

・なぜか。(Why ?)

・あなたはどう考えるか（思うか)。(What do you think ?)

・他の考え方はないか。(Are there any other opinions ?)

題材には，次のようにその中に先の三つの要素が明文化されているものももちろんあります。

ONE WORLD English Course 3, p. 40

In 1911, Hiram Bingham, an American, discovered an ancient city high in the Andes Mountains in Peru. The city that he discovered was

Machu Picchu. It was built by the ancient Incas. The buildings were made of stone, and there were many gardens.

The Incas were destroyed by the Spanish in the 16th century. But the Spanish never discovered Machu Picchu.

Why did the Incas build a city so high up in the mountains? What do you think?

仮に題材となる文章の中にそれが含まれていなくても，意識して質問するなどして思考させることが大切です。例えば，次のようにです。

・The Incas built a city high up in the mountains. Why?

・What do you think?

NEW HORIZON English Course 3, pp. 68-69

More and more people come to Japan from abroad. We should learn English to speak with them.	⟺	People who come to Japan should learn to speak Japanese. Why should we use English?

・What do you think? (Which do you agree with?)

SUNSHINE ENGLISH COURSE 3, pp. 47-48

Program 7-3

From the sky we can see the damage that we have done to our planet. The home planet looks very sick.

One astronaut said, “Madagascar is still green, but probably it won’t stay that way for long. The sea that touches the island is dark red. It’s the color of the mud which is carried down from the bare hills. Many kinds of birds and animals living in the forests will soon die out."

Program 7-4

We have to work together to save our home planet. But countries sometimes quarrel.

This is a report made by a Saudi Arabian astronaut : "The first day or so, we all pointed to our countries. The third or fourth day, we were pointing to our continents. By the fifth day, we were aware of only one earth."

*　　　　　*

We all share this beautiful earth. Let's discuss what we can do to save it.

上の題材では，最後の二つのセンテンスで何について考えたり討論したりすればよいのか，というポイントが示されています。

生徒に思考を促すためには，ただ「自分で考えてごらん」とだけ指示するのではなく，何についてどう考えればよいのかを示す必要があります。

留意点⑮

- 何について考えるのか，ポイントを示すこと。(焦点を明確に示すこと)
- 対比したり比較したりする材料を提供すること。
- 異なる意見，あるいは対立する意見を紹介すること。
- 共通なものを提示すること。(類推することによって，ルールを発見させること)

第3章

TTにおけるJTE・ALTの役割

ティームティーチング（主に日本人英語教師と外国人指導助手）とソロティーチング（主に日本人英語教師のみ）の最も大きな違いは，前者は複数の教師が指導し，後者は一人の教師が指導するということです。このことを明確に認識して，ティームティーチングでは教師が複数いるからこそできる指導法を開発しなければなりません。

1　教師が複数いることでできること，すべきこと

（1）インフォメーション・ギャップのある会話を行うこと

日本人英語教師（Japanese Teacher of English）と外国人言語（英語）指導助手（Assistant language teacher）の間では，生徒に英語を使うことの必然性を認識させるために，インフォメーション・ギャップのある会話をする必要があります。つまり，未知のことがらについて質問したり，情報を提供したりするのです。例えば，Nancy M. Yoshida という ALT の名前について，JTE が次のように質問することがあります。

JTE : Is Nancy your first name?
ALT : Yes, it is.
JTE : Is Yoshida your family name?
ALT : Yes, it is.

この会話では，JTEが知らないから質問しているのではなく，「Nancyがfirst name」であり，「Yoshidaがfamily name」であることを生徒に教えるという意図があります。それはそれなりに意味のあることです。しかし，ミドルネームの“M”が何の頭文字なのか本当に知らないから尋ねるという行為も生徒に見せる必要があります。

JTE: You have a middle name, don't you?
What does “M” stand for?
ALT: Mitsue.
JTE: Oh, it's a Japanese name!

（2） デモンストレーションを行う

新しい題材や言語材料を導入するときは，口頭だけによる抽象的な方法ではなく，目に見えるようにJTEとALTとでデモンストレーションを行うことが必要です。そうすることによって場面や状況と，そこで使われる英語表現を一致させることができるからです。

英語を学習し始める最も初期の段階では，あいさつのようなごく簡単な会話でも，教師が一人で導入するのは容易ではないはずです。日本語による説明が必要な場合が多いでしょう。「Good morningは『おはようございます』という意味です。ですから，Good morningと言われると自分もGood morningと応じます」というふうに。ところが，ティームティーチングでは，二人の教師がそれぞれのパートを分担することによって，自然な場面を設定することが可能です。

JTE: Good morning.
ALT: Good morning.

次のような対話を生徒の前でやってみせれば，日本語で説明するよりもよほど効果的だと思われます。

JTE：　Thank you very much.

ALT：You're welcome.

ソロティーチングの場合は，日本語による説明をせざるをえなくなります。授業以外では生の英語に接することの少ない大多数の生徒にとって，初めて学ぶことがらの意味を類推できるほどの経験がないからです。

デモンストレーションは一対の対話文だけでなく，あるまとまった内容を持つ題材についても望まれます。題材の全体をまず見せることは概略を把握させるのに効果的です。

新出単語の意味や文法を説明し，1文1文を日本語に訳させたにもかかわらず，全体の概略やテーマを把握することができないという現象をよく見かけます。「木を見て森を見ず」ということになりがちなのです。全体から部分へ理解を進めることによって，その理解がより正確なものになります。

より正確な理解をするために，なぜ全体から部分へ進めるべきなのでしょうか。部分（例えば，単語）にはいろいろな意味がありますが，その部分がどの意味で使われているのか判断しかねる場合があります。しかし，その文章の全体像あるいは概略を把握しておけば，全体に合う部分の意味を決定することができます。

We are going to take off very soon.

上の文では，"take off"はいろいろな意味がありますので，「脱ぐ」なのか「降りる」なのかあるいはそれ以外の意味なのか判断しかねます。しかし，次のような文章の全体（あるいは概略，あるいはテーマ）がわかっていれば，どの意味で使われているのか判断しやすくなります。

NEW HORIZON English Course 2, p. 18

> Welcome aboard New Horizon Airlines.
> This is Flight 707 to San Francisco.
> We're going to take off very soon.

（3） モデルを示す

生徒に見せるデモンストレーションは，題材の全体像（あるいは概略）を紹介するという役割を果たします。一方で，そのデモンストレーションはどのような状況・場面で，どのような英語を使えばよいのかを示すモデルにもなります。

例えば，二人の対話において「間」「話すスピード」「発音」「ストレス・イントネーション」「ジェスチャー」「表情」など，仮に無意識にであっても自然にモデルになっていることになります。

課題を与えて，生徒同士で対話やインタビューなどの活動をさせる場合があります。その際，対話やインタビューの方法を日本語で説明するだけでは，生徒はなかなか意味が呑み込めないことがあるので，次のように実際にJTEとALTとでやってみて，それを見せるのです。

JTE: Do you like juice?
ALT: Yes, I do.
JTE: What juice do you like?
ALT: I like orange juice very much.

どんなに簡単にみえる対話やインタビューでも，初めて接する生徒にとってみれば，要領がよくわからずに不安になったり困惑したりするものです。生徒の活動の前に教師がやってみせるということは非常に重要なものだと言わねばなりません。

留意点⑯

生徒の活動の前に，教師がやってみせること。

題材としてスピーチがよく扱われています。自分の考えや気持ちなどを端的に表すことのできる活動だからでしょう。そんなスピーチにおいても，ALT が実際に行われるような形式でモデルを示せば，生徒はそれを見ならって活動することになります。

（４） 異なった考え（対立案）を示す

従来から，授業では学習する，つまり学び習うということを中心に行われてきたように思われます。英語の授業においても例外ではありません。内容を理解することに大半の時間が割かれているのです。確かに，理解することが後の学習を効果的にし思考することにもつながることは否定できません。しかし，現実には理解することのみで終わっていたように感じます。

思考を促す手だてとしては，二つ以上の意見や考え，情報などを JTE と ALT が出し合い，それについて生徒にどちらの立場に立つのかなど思考させてみる時間を持つことが必要です。

JTE： When I want the salt at the table, I get it by myself. Do you do this in the same way?

ALT： No. It's bad manners to take it from in front of another person. It's polite to say, "Please pass me the salt."

上の例のように国によってマナーが違うことを紹介すれば，一つの考えや思い込みなどに固執しないで，さまざまに思考を巡らすのではないでしょうか。「外国語を知らないということは，自国語を知らないということである」とゲーテが言ったのは，このような意味であったのだろうと思います。

（5） 個人指導を行う

複数の教師が一つの教室に入る授業は，ALT と共に行う現在のティームティーチングが始まる前から行われていました。俗に「入り込み」といわれるものです。一人の教師が主になって通常の形で指導し，もう一人の教師が個々の生徒，特にスローラーナーの近くに行き，個人的に指導するものです。

この指導法は，一人の教師が外国人であっても行うべきものです。JTE が主導になって授業を進行し，ALT が机間指導を行うこともあれば，逆に ALT が主導になって JTE が机間指導を行うこともあります。

JTE が主導の場合に，生徒に日本語を英語に換えさせる活動があります。その際，JTE が日本語を与えて英語に訳させるのが普通です。定型的な英語に直させる問いでは答えの数はあまり多くありません。例えば，「私は昨日，図書館へ行きました」という日本語は，ほとんどの生徒は，“I went to the library yesterday.” という英語に直すでしょう。ところが，「部屋の中が暑い」ことを表す絵を見せて英語を話させたい場合は，さまざまな答えが出てくるはずです。

・It's very hot.
・Please open the window.
・May I open the window?
・Shall we go out?
・Switch on the air conditioner.
・Let's have a cold drink.

ALT が主導の場合には，英語で授業が進められるのが普通です。ネイティブ・スピーカーにとっての自然な英語が生徒にとって未習であったり複雑であったりすることがよくあります。それらが理解できる範囲のものであればよいのですが，時として意味を類推することが不可能なものを用いることがあります。そのような場合にはJTEが機転を働かせてALTにパラフレイズ，あるいは言い換えてもらう必要があります。あるいは自ら易しい語・表現に言い換える必要があります。例えば，次のようにです。

ALT:　What is your favorite subject?
Student: I beg your pardon?
ALT:　What is your favorite subject?
Student: My favorite subject?
ALT:　Yes.
Student: Sorry, I don't know the meaning of favorite.
ALT:　I asked you, "What subject do you like the best?"
Student: Oh, I see. I like English the best.

上の文の"What is your favorite subject?"のfavoriteが未習であれば，いくら前後の単語からその意味を類推しようとしても容易ではありません。I beg your pardon? と生徒が言ったとき，What is your favorite subject? という文を何回繰り返しても解決しないでしょう。別の言葉や表現に変えると，厳密には意味は同じではないかもしれません。それらの語や表現に含まれる思いや感情，あるいは内容でさえ変わるでしょう。しかし，特に厳密な意味上の違いを意識する必要がない場合，つまり大体の意味が伝わればよいとする場合は，上のような言い換えをしてもよいと思われます。

2　ティームティーチングですべきでないこと

(1)　JTEはALTの言った英語を逐一日本語に訳さないこと

ALTの話す英語を生徒は理解できないのではないかと思い，JTEがつい日本語に訳してしまうことがあります。一見，親切心のように思われますが，余計なお世話というものです。

ALT：　Have you ever been to New York?
JTE：　ニューヨークに行ったことがありますか。
Student：Yes, I have.
ALT：　When did you go there?
JTE：　いつ行ったのですか。
Student：Last year.
ALT：　Did you go there alone?
JTE：　一人で行ったのですか。
Student：No.　With my family.

特に学習を始めたばかりの中学1年生の生徒に話すときによく見かけます。

ALT：My name is Robert White.
JTE：名前はロバート・ホワイトと言います。
ALT：I'm from Australia.
JTE：オーストラリアの出身です。
ALT：I'm 31 years old.
JTE：31歳です。
ALT：I like sports.
JTE：スポーツが好きです。

英語を聞く力は聞くことによってのみ，身につくものです。ところが，このようなことを繰り返すと英語で理解するのではなく，日本語で理解してしまうことになるのです。日本語を母語にしているものにとっては，英語でよりも日本語で理解することの方が容易だからです。

日本語をつい挿入したくなるのは，初めて聞く英語は理解できないのではないかという不安があるからでしょう。確かに理解できないことも多いのです。しかし，それだからこそ英語を聞かせる機会を増やす必要があります。

先にも述べましたが，英語学習の初期の段階では，一つの文でその内容を理解することは難しい。全く無理な場合もあり得ます。ところが，1 文ではわからなくてもいくつかの複数の文を聞いているうちに，全体の内容がわかるようになり，1 文も理解できるようになるのです。多くの英語を聞かないとどんな話題（テーマ）について話されているのかわからない。話題がわからないと 1 文の正確な意味を把握することができません。話題がわかれば，英語がわかると言えるのです。

しかし，英語を聞かせさえすれば，英語を聞く力がつくかというと，必ずしもそうではありません。留意すべきことは ALT の話す英語が生徒の英語力に合っているかどうかということです。よくわかる英語を使っているかということです。

Yuka is a tall girl. の tall の意味がわからなければ，この文はほとんど理解できないのと同じです。それに，仮に「背が高い」と知っていても，どれくらい背が高いのかわかりません。具体的でないからです。Yuka is 175cms tall. と言えば，大体の意味はわかります。

（2） ALT は human tape recorder にならないこと

JTE が主に日本語で授業を進め，従来はテープレコーダーを使って指導していたことを ALT がその肩代わりをするだけの場合，human tape recorder と呼ばれます。ALT たちはそのやり方に憤慨したものです。JET プログラムで TT が開始された頃，次のように授業が進められることがありました。

・JTE が基本文の文法上のルールの説明をする。そのとき，ALT は机間巡視をする。（机間指導ではない）
・文法事項の練習をする。英文和訳をしたり和文英訳をしたりする。
・新出語彙の意味を教える。
・ALT がモデルになって新出語彙の発音練習をさせる。

・ALTが題材の英文を読む。

・JTEがその英文の内容を生徒に質問したりしながら把握させる。

コミュニケーション重視の英語教育が叫ばれている中で，ALTが単に題材を読むだけであったり，新出語彙の発音のモデルになったりするだけでは，ALTが「私も人間です」と声を挙げたくなるのも無理のないことです。

ALTがhuman tape recorderにならないようにするとは，どのようになるということでしょうか。

・ALTがJTEや生徒にとってのコミュニケーションの相手になること。

・英語学習や英語についてのインフォーマントになること。

・JTEのパートナーになること。

・サマライズやパラフレイズなどを行うエキスパートになること。

その役割をきちんと認識していれば，発音やリーディング，スピーキングのモデルになることが，単にtape recorderの代わりではなく，生きた人間としての，指導者の役割であることがわかってくるのです。

(3)　ALTに任せきりにならないこと

ALTと共にする授業では，ALTに任せきりになることは決して珍しいことではありません。ALTが常に授業全般を進め，JTEが横でじっと立って見ているというスタイルです。ティームティーチングにおける授業のスタイルは固定されたものではありません。ALTが主でJTEが従になったり，その逆になったりするスタイルは，指導内容や指導の目標・意図などによって，臨機応変に変える必要があることはいうまでもありません。特にティームティーチングが週1回とか，あるいはそれ以上に間隔が開く場合は，生徒の実態をよく承知しているJTEの役割は重要です。

ティームティーチングによって，生徒が英語学習への意欲を湧かせる場合と，英語嫌いになる場合とがありますが，生徒の実態を十分に把握しているかいないかが重要なポイントになります。

生徒の実態とは次のようなことがらを指します。

・個々の生徒の英語力
・生徒同士の人間関係
・生徒の興味・関心
・個々の生徒の持つ家庭環境
・個々の生徒の性格

など。

このようなことを把握した上で考えなければならないことがいくつかあります。

①　活動の指示

インタビューやゲームなどの仕方を英語でなされると，初めての場合は理解できないことが多いものです。教師が指示しても，生徒がなかなか活動に入らなかったり，どうしたらよいのかわからないと訴えたりするのは，活動の指示が不十分な場合が多いのです。その際，JTEとALTが一度やって見せたり，JTEが日本語で補ったりすることが必要です。

②　発　問

生徒によって，あるいは指導の段階によって，Yes-No questionの方がよいのかWh-questionの方がよいのか，あるいは選択疑問文（orの含まれる疑問文）の方がよいのかを判断する必要があります。

最初にWh-questionをすると答えられない生徒がいます。Wh-questionは生徒によっては唐突に聞こえ，質問の意味も，あるいは答えや答え方がわからないということが起こりがちです。

ALT: What instrument do you play?

この質問のinstrumentがわからなければもうお手上げです。あるいは仮にこの語の意味を知っていたとしても，答えの語がわからなかったり，どのような文型の文を用いるべきなのか知らなければ，やはり沈黙せざるをえません。

次のような問いはどうでしょうか。

ALT：What river is the longest in Japan?

このような質問によって，生徒の英語力を評価するには，実は非常に難しい要素を含んでいます。

答えが出ないことには，次のような理由が考えられます。

・質問の意味がわからない。(river や longest の意味を知らない)

・答えがわからない。(「信濃川」だということを知らない)

・答え方がわからない。(「信濃川」だということは知っているが，それを The Shinano River あるいは The Shinano River is. という答え方で表現することがわからない)

答えられないということには，上のような理由が考えられるので，もし ALT が気づかなければ，JTE はアドバイスをすることが重要です。

③　使用する語彙・文法

ティームティーチングが毎時間行われればあまり心配することではないことでも，1年間に数回とか，1週間に1回とかの頻度ならば，語彙や文法が既習なのか未習なのかをきっちり認識していなければなりません。例えば，教科書に What's your name? が出ていると，ALT から May I have your name? と尋ねられても答えられないということはよくあることです。

あるいは，学習指導要領に決められている内容なのか，そうでないのかも考慮しなければなりません。あまりにも逸脱していると生徒にとって理解が困難になるからです。ALT を信用していないわけではないのですが，たまにしか指導に入らないと，授業で用いるべき英語，用いるべきでない英語を把握することはそうたやすいことではありません。

また，ALT がどのような英語を話すのか，ということにも注意しなければなりません。アメリカ英語なのか，イギリス英語なのか，オーストラリア英語なのかによって，語彙や発音などが異なることがあるからです。

現在，日本の中学校で使用されている英語の教科書の中の英語は，ほとんどがアメリカ英語ですが，ALTの中には違う英語を使い，それに気づかないALTがいます。もしその英語が生徒には理解不可能なものであれば，当然，それには補足が必要でしょう。例えば，elevatorは何でもない単語ですが，liftには違うものをイメージすることは決して珍しくはありません。そのようなときはJTEのキャリアがやはりものをいうのです。

④　指名の順序

指名は座っている席の順番にする場合がありますが，縦列，あるいは横列，斜め列，あるいは一人おきにしたり将棋の桂馬の進む方向にしたりします。いずれも機械的です。このような指名は生徒に平等感を与えます。教師は全ての生徒に別け隔てなく，また能力や性格についての先入観を持たないで接しているということを感じさせます。生徒が英語嫌いになったり，英語教師を嫌いになったりする原因に，この指名についての気持ちが影響することが大いにあります。しかし，この機械的な指名は，生徒個々の能力や性格を考慮に入れない，換言すれば教育的でないものになることは，多くの教師は知っているはずです。列などの機械的でなく，全くアトランダムに指名するにしても，能力や性格などを考慮に入れない点においては，同様に教育的でないことになります。したがって指名する際には，次のことに留意する必要があります。

・列ごとに指名するなど機械的にしない。

・列などにする場合は，指名（質問）の中身を考慮する。

・指名は意図を持ってする。

いずれにしても，指名が生徒に自信を持たせたり，意欲を湧かせたりするものでなければなりません。その指名された生徒が持つ心の微妙な動きに教師は留意しておく必要があります。

必ずしもALTばかりではありませんが，教師が質問する生徒の真ん前に立ち，じっと答えるのを待つという光景を見ることがあります。沈黙の時間が長くなっても待つのです。ALT はそのような状態を生徒が shy だからと簡単に解釈することがあります。したがって，答えを知っているはずだから待つことになるのです。

生徒が答えられないのは shy であるためだということはほとんどありません。むしろ，「質問の意味」がわからなかったり，「答え」がわからなかったり，「答え方」がわからなかったりすることがその理由です。

第4章

コミュニケーションに重点をおいた指導の例

1 「読み・書き」の力が身につかない原因

「聞くこと・話すこと」によるコミュニケーションを重視した授業をしていると，「読み・書き」の力が身につかないという批判があります。教師自身もそのような心配をしています。確かに英語を話したり聞いたりするだけでは，英語を読んで理解したり書いて正確に情報を伝えたりする力が弱いということは起こりえます。

次の題材をもとにその原因を探ってみます。

NEW HORIZON English Course 2, p. 21

由紀を乗せた飛行機は目的地に着きました。次は入国審査です。

Officer : Show me your passport, please.
Yuki : Sure. Here you are.
Officer : What's the purpose of your visit?
Yuki : Sightseeing.
Officer : How long are you going to stay?
Yuki : One week.
Officer : O. K. Enjoy your stay.
Yuki : Thank you.

語句	officer, show, passport, purpose, sightseeing Sure. What's the purpose of ～?
文	Show me your passport, please.

「読み・書き」の力が身につかない原因には次のようなことがあると考えられます。

① コミュニケーション，つまり情報を伝達したり交換したりすることに重点が置かれるあまり，基本文（文型・文法：ここではShow me your passport, please. という目的語を二つとる動詞）の押さえが足りない。もしくは十分に意識されていない。

② 基本文の繰り返しが少ない。いくら場面を適切に設定しても，1回きりでその基本文を理解させることは無理なことが多い。

③ 音声による学習，つまり聞いたり話したりする学習のあと，文字によって内容を理解させたり場面を把握させたりする時間が少ない。

④ 文法の説明を十分に行っていない。なんとなくわかったつもりになっているが，はっきりと理解していないため，表現したり発信したりしたいときに，その英語が思い浮かばない。

⑤ 音声による英語のシャワーをたくさん浴びる割には，自分で発言することが極端に少ない。自分で表現することが少なければ，英語は定着しない。

⑥ ⑤とは逆に，インプットが少ないにもかかわらず，すぐにアウトプットに入ってしまう。そうすると，英語を話すことは難しいという印象を与えることになる。インプットした同じ分量の英語をそのままアウトプットすることは，現実には非常に難しいのである。

⑦ どのような内容をコミュニケートしたのかはっきり理解していない。ティームティーチングでALTの発する英語，質問などにはすぐに反応するが，真に理解していない。途中での理解しているかどうかのチェックを怠るとこ

のようなことになりやすい。

⑧　基本文の使われる場面が教科書の題材に限られている。その文が他の場面で使われても理解できないし使用することもできない。

平成14年度から実施される学習指導要領には，「聞くこと」と「話すこと」を重視する旨が書かれています。ですから，音声によるコミュニケーション能力を育成しようとすることは間違ってはいません。ただ，あまりにも極端に「読む・書く」能力が低下していることが問題なのです。

かつては，聞いても理解できないが文字を見ると内容がわかるという人がよくいました。また，発音できないけれども，書けば相手に情報を伝えることができるという人もいました。今もそのようにいう人はたくさんいます。しかし，これからは情報を伝えたり受けたりするための一つの側面，音声によるコミュニケーション能力の伸長を図らなければなりません。そのためには，音声に触れる機会をもっと増やす必要があります。

2　音声によるコミュニケーション能力を育成する指導の過程

(1)　本時の題材の前に——Daily Conversation（日常会話）

実践的コミュニケーション能力とは題材のダイローグを覚えて，パートナーと定型の表現を繰り返す力のことではありません。あるいは，ダイアローグの一部を自分の立場のものに変えて会話することでもありません。さらに，自分なりの表現を使っても，課題を与えられそれに従っている限りは，厳密に言えば，実践的コミュニケーション能力とは言えないでしょう。では，どのような能力のことを言うのでしょうか。

次のような条件を設定する必要があります。

・実際の場面であること。

・自分がその場面の中に身を置いていること。

・情報の授受が行われること。

例えば，先に示した「入国審査」という題材について考えると，場面を把握することができるのですが，自分はその場面の中にはいません。場面の外から見ている傍観者と言えるでしょう。

この指導の段階で重要なことは，ここで扱う新しい題材と何らかのかたちで関係のある表現や語彙を使用することです。特に，その場面に特有の表現や語彙，そして基本文をコミュニケーションの手段として，自然に無理なく使用することなのです。

Show me your passport, please. という文をJTEがALTに言ったときに，玩具のパスポートを見せるとそれは決して実践的ではありません。JTEが本当にパスポートが見たくてこの文を言い，ALTが本物を見せればこの文は実践的に使われていると言えます。なお，この題材（「入国審査」）のほとんどの英文は，場面を変えれば現実のものとして使うことができるので，実際のこととして対話することが可能です。

（2） 新教材

新教材は，たとえ場面の中での対話であったとしても，自分がその中に身を置いていない，という点で実践的とは言えません。しかし，新教材は将来出会うであろう場面に備える学習のためのものであると考えることができます。つまり，新教材の内容の理解が最終目標ではなく，実践的コミュニケーションのための一つのステップなのです。

英語を教えるという場合，「教科書を教える」ことなのか「教科書で教える」ことなのか議論になったことがあります。実践的コミュニケーション能力を育成するとは，もちろん後者を指すことは言うまでもありません。したがって，教師は実践に備えて教えているのだという意識を持っておく必要があります。ただし，「教科書で教える」という意識があまりに強すぎると，「教科書を教える」ということがおろそかになってしまいます。決して二者択一ではありません。「教科書を教え」そして「教科書で教える」という両者を念頭に置いて置くことが重要でしょう。

さて，新教材の導入に際しても，できるだけ視覚に訴えながら英語を使うべきでしょう。ただ音声だけ，つまり聞くだけならば，どのような場面でどのように英語が用いられているかを把握することは非常に困難だからです。新出の表現や語彙が少なく，文脈から類推することができる場合は別ですが，通常は難しいことが多いと思われます。

ここで例に出されている題材をもとに，音声だけではどれだけわかりにくいか検討してみましょう。

Show me your passport, please. の文を聞くと，最後に please があるので，丁寧に依頼されているということは想像がつきますが，show も passport も新出語であるので，おそらく意味はつかめません。

What's the purpose of your visit？の purpose がこの文のキーワードですが，やはり新出語です。これがわからなければ文全体の意味を理解することは難しい。まして，次の sightseeing も新出語なので，それから類推することは容易ではありません。特にこの purpose も sightseeing も抽象的な意味を表す語です。なかなかイメージ化できないでしょう。後半になってやっと既習の表現や語彙が出てくるので，何とか意味をつかむことができます。ですから，録音されたものや JTE と ALT の交わす対話を聞かせるだけでは，場面さえ把握させることができないと言わねばなりません。

新教材を導入するときにもう一つ留意すべき点は，題材の本文そのままを紹介するだけで理解させようと思わないことです。言い換えたり，例を示したりするための英語をもっと知らせる必要があります。一つの英文を理解させるのに一つの英文を示すだけでは十分ではありません。一つの英文を理解させるのにその何倍もの数の英文を示すことが必要です。

特に情報をコミュニケートするということにおいては，同じ文を繰り返すだけではあまり意味がありません。What's the purpose of your visit？がわからないからといって，What's the purpose of your visit？と何回尋ねても無駄でしょう。Why did you visit here？とか Did you visit here to see any places？

などと言い換えたりすることが重要になります。

(3) 題材の内容の理解度をチェックする

題材の内容がどのようなものであるかを理解しないまま，次のコミュニケーション活動に進めることはできません。「なんとなくわかった」ではなく「きちんと納得できるようにわかった」段階にまで理解させておかなければならないのです。どのような場面や状況であるのか，どのような表現や語彙が使われているのかなど，どこまで理解しているのかをチェックしておく必要があります。英語で質問したことに英語で答えられれば申し分ありませんが，生徒の実態，場面の内容によって，時には英問英答，英問和答，和問和答，和問英答というふうに形式を変化させてもよいでしょう。

なお，質問するときは，題材の本文そのままに答えられるものだけでなく，自ら応答の文を考えなければならないものも準備したい。例えば，How long is Yuki going to stay? と質問されれば，生徒はおそらく One week. と本文そのままに答えるでしょう。あるいはフル・センテンスで答えないといけないと思った生徒は，She is going to stay for one week. と言うでしょう。このような質問は応答の仕方が易しいので，初歩の段階で必要なことはもちろんです。

本文そのままで答える場合は，内容を意識せずに反射的になっていることが多いのです。それに対して，Is Yuki going to stay for one week? という質問には，まずその質問の中身を考えなければならないし，次に答えを考えなければならないし，さらにどのような文を用いなければならないかを考えることが要求されます。この過程が実はコミュニケートするときに非常に大切になってきます。

また，内容の理解度をチェックすることには，次のようなことも留意しておく必要があります。

Show me your passport, please. という1文の中にも，いくつかの確認すべきことがらがあります。Show というのを「貸してください」と解釈しているかもしれないし，passport を「パスポート」と訳してはいても，パスポートとは一体何なのかわからないことがあるかもしれないからです。パスポートの実物を見せて，外見的に理解させても，それがどんな意味を持っているのかわからなければ本当に理解しているとは言えないはずです。

あるいは，外国に入国するときに尋ねられる質問は，決して日常的な気楽な会話として行われているわけではありません。訪問の目的，滞在期間などはきちんと言えるようになっておかなければなりません。そういうことを考えるとWhat's the purpose of your visit? という問いと，Sightseeing. という答え方は覚えておく必要があります。同様にHow long are you going to stay? のような質問は必ずされるので，One week. などという答え方も知っておくべきでしょう。これらの質問と答えは他の場面でも使われるものですが，この「入国審査」という場面特有のものであるのでそれらを覚えておかなければ，実際にそういう状況に出くわしたときに使うことができないと思われます。

(4) 聞くこと

場面を見せながら英語を聞かせると，内容を把握させることは容易です。したがって，内容を理解させるためには視覚に訴えるもの，例えば，実物，ビデオ，劇，絵，写真，スケッチなどを用いることはよい方法でしょう。

しかし，その方法だけで内容を理解させたつもりになっていると大きな間違いが生じます。常に場面を見せていると，純然たる「音声英語」のみによって内容を理解させる訓練ができていないことになります。英語を聞いただけでは内容を把握できないということになりがちなのです。

そこで，見える場面や文字に頼らないで，音声のみによって理解する習慣をつけることが次に重要なことです。音声を聞きながら，先に学習した場面を思い浮かべたり，新しい場面を想像したりさせるのです。例えばHere you are. ということばを聞いたとき，その英語を使いながらものを差し出していた，ということが自然にイメージ化できるようにならないといけないわけです。

聞き取る力と読み取る力とは相関関係が強いといわれます。聞いて内容をイメージ化できないとすれば，読んでもイメージ化することは困難であると思われます。英語を聞く機会をもっと増やす必要があるとよくいわれるのは，そのような理由からです。

具体的な指導法としては，一人あるいは二人の教師が行う音読や音声テープなどを聞かせることになります。この「聞く活動」を「話す活動」に結びつけるために，英語を聞いたあと，そのまま繰り返して言わせたい。文字という視覚的に頼るもののない状態では，たとえ単純な繰り返しであっても生徒は難しいと感じるかもしれません。

さて，英語を聞いて理解する力はどのようにすれば身につくのでしょうか。英語を聞く時間や機会を増やす以外に道はないように思います。授業中，教師はできるだけ多くの英語を話し，また音声を聞かせるべきでしょう。しかし，週3・4時間の授業では不十分です。そこで，学校外での学習についても考えなければなりません。いわゆる家庭学習です。聞く力をつけるためには家庭でどのように学習をさせればよいのかを検討する必要があります。

従来は，教科書を読むという宿題が多かったと思いますが，テープやCDなどの英語を聞くという宿題も与えるべきでしょう。もちろん，生徒の家庭状況も考慮した上で課題を出すべきであることはいうまでもありません。視聴覚室や英語科教室の開放，音声機器の貸し出しも行うとよいと思います。

(5)　読むこと

これまで「聞くこと」「話すこと」という音声の学習について重点的に考えてきましたが，ここで文字の学習に入らなければなりません。コミュニケーションは「聞くこと」「話すこと」だけではない，という理由からだけではありません。話されたり読まれたりする英語は，すぐに消えます。「耳に残る」という言葉がありますが，いったん消えると復活のさせようがありません。テープなどに録音しておけば聞き返すことはできますが。

消えた音声を別の形で思い浮かべさせる一つの手段として文字があります。それで，英語の表現や語句などを忘れた場合は，教科書を開けばよいということになります。「音声による コミュニケーション能力を育成するための指導の過程」の大項目の中に，あえて「読むこと」という項を設けたのは，最近の英語授業では読む活動を軽視しているのではないかとさえ思えることが多いからです。

英語を読むことのうちで，最も初歩的で重要なことは英語の文字を見て発音できるということです。仮に意味がわからなくても，発音できるようにさえなれば，読むことの第一段階には達したと言えます。そのあとの目標は，リエゾンやリズム，イントネーションなどの習得です。最終的には，発音と文字とを直結させて，内容を読み取ることが求められます。

しかし，文字を見て発音できても意味がつかめないということはよくあります。例えば，Enjoy your visit. という文を聞かせたあとに意味を確認するときちんと答えられる。ところが，自分で読んだ文の意味を再度尋ねると答えられない，ということがあるのです。正確に読めたからといっても安心できません。ですから，「読む活動」においても，「聞く」活動のときに提案した同様のこと，つまり読むときには常にイメージをつかもうとしながら読むようにしなければならないということです。

ここでは音読することの意味を述べてきました。いわゆる内容を読み取るという読解については，項を改めて触れることにします。

（6） 覚える活動

あえて覚える「活動」としたのには理由があります。英語の学習では，表現や語句などの意味を覚えるのは，たいてい授業外の時間においてでした。しかし，暗記・暗唱を宿題に課しても，きちんとできない生徒がいます。覚えるというのはどういうことなのか，またどのようにすれば覚えられるのかわからないこともあるのです。そこで，授業中にその一部の時間を割いて，英語を覚えさせたい。

内容を考えずに暗記しても，あるいは意味もわからないのに丸暗記させても，英語を実際に話したり書いたりできるようにはならない，とよくいわれましたし，今もいわれています。確かにその通りだと思います。しかし，暗記自体は決して無駄なものではありません。表現や語句などを覚えることなしに，話したり書いたりする表現力は身につかないからです。重要なことは，「まず意味を理解し，理解したものは覚え，覚えたものは使う」ということを繰り返させることです。ただし，この順序は固定されたものではありません。使うことによって意味が正確にわかるようになったり，使いながら覚えたりすることもよくあるからです。

それにしても，理解と暗記の間には，生徒にとって非常に大きなギャップがあります。そのことをいつも念頭に置いておかなければなりません。聞いたり読んだりした英語の文をなかなかそのままの文に復元できないことからも明らかです。したがって，その大きなギャップになんらかの「橋」をかけてみる必要があるのではないかと思います。ステップを踏ませるのです。次のような手だてが考えられます。

①　イニシャル・センテンス（単語のイニシャルだけで表す文）は，書いて元の文を作り上げたり，口頭で英文を復元したりするときに有効です。イニシャルが手だてになって，英文を作ることは難しいという気持ちを払拭してくれます。

先に例に出している「入国審査」は次のようになります。

Officer: S　m　y　p　, p　.
Yuki:　S　.　H　y　a　.
Officer: W　t　p　o　y　v　?
Yuki:　S　.
Officer: H　l　a　y　g　t　s　?
Yuki:　O　w　.
Officer: O. K.　E　y　s　.
Yuki:　T　y　.

初めは教師について繰り返させ，慣れてくれば，生徒自身にやらせるとよいでしょう。上の文をプリントにして生徒に与えておくと，家庭で覚えるのに大きな手助けになります。

②　次に，英文の一部分を空白にしたものを見ながら全文を言わせたり書かせたりします。空白にするのは，コミュニケーションをする際のキーワードか新出の語彙にするとよいと思います。例えば次のようにします。

Officer : (　　　) me your passport, please.
Yuki : Sure. (　　　) you are.
Officer : What's the (　　　) of your visit?
Yuki : Sightseeing.
Officer : (　　　)(　　　) are you going to stay?
Yuki : One week.
Officer : O. K. Enjoy your stay.
Yuki : (　　　)(　　　).

このようなダイアローグでは，空白の数をあまり多くしないことが重要です。また，内容的に 2 文が対になっていることが多いので，その両方の文に空白を作らない方がよいと思います。例えば，次のようにです。

Officer : What's the (　　　) of your visit?
Yuki : (　　　).

これでは，前後の文から意味を類推することは難しいと思われます。

③　ダイアローグの自分のパートを空白にし，パートナーと会話させる方法がよく用いられます。ペアのうち，一方には A のカードを，他方には B のカードを持たせます。

（カード　A）

Officer：(　　　　　　　　　)

Yuki：　Sure.　Here you are.

Officer：(　　　　　　　　　)

Yuki：　Sightseeing.

Officer：(　　　　　　　　　)

Yuki：　One week.

Officer：(　　　　　　　　　)

Yuki：　Thank you.

Bのカードは Yuki のパートを空白にしておきます。

上以外にもいろいろな方法が考えられますが，覚える活動も面倒がらずに授業の中で扱いたいものです。

(7)　コミュニケーション活動

「覚える活動」として紹介したイニシャル・センテンスを用いる対話も，自分のパートを空白にして英語を思い出しながら行った対話も，実はコミュニケーションとは言えません。それはコミュニケーションのための練習だというべきでしょう。

この項の「コミュニケーション活動」は，学習活動から現実のコミュニケーションへの橋渡しの役割を果たすものです。実際の生活の中で，自分にとって必要なことを英語を使って解決しているわけではないからです。やはり，授業の中で課題を与えられているのです。しかし，課題解決のために自分の気持ちや考えなどを表しながら活動している点において，擬似コミュニケーションと呼んでもよいかもしれません。

コミュニケーション活動をさせる場合は，言葉が実際に使用される場面を設定し，言葉の働きを考慮しなければなりません。この活動においてどのように場面を設定するとよいのでしょうか。それには二つの基準になるものがあります。それは，①題材で扱われている場面と同じ場面，②題材で扱われている言語材料の用いられる別の場面です。

① 題材で扱われている場面をそのまま使用する場合

ここでは「入国審査」がその場面になり，そのまま次のように扱います。

Officer: Show me your passport, please.
Yuki: Sure. Here you are.
Officer: What's the purpose of your visit?
Yuki: (　　　　　　　　)
Officer: How long are you going to stay?
Yuki: (　　　　　　　　)
Officer: O. K. Enjoy your stay.
Yuki: Thank you.

上のダイアローグの空白の部分に入れる言葉を自分で考えさせます。自分の意見や考えを入れるという意味で，実際のコミュニケーションに一歩近づくことになります。

② その題材の中で用いられている表現や言語材料が使われる別の場面を新しく設定する場合

ここでは，例えば，Show me your passport, please. という目的語を二つ取る動詞の show が使われる，次のような場面を設定することができます。

Teacher: Did you do your homework?
Student: Yes, I did.
Teacher: Good. Show me your notebook, please.
Student: Sure. Here you are.

また，生徒に課題を与えて，コミュニケーション活動をさせることもできます。課題には次のようなものが考えられます。

・「店に行って自分に必要なものを買ってきなさい」
・「友達と会う約束をしなさい」
・「自分の行きたい場所へ行く道を尋ねなさい」
・「自分の調べたことを発表しなさい」
・「自己紹介しなさい」

等々，いろいろなものがあります。

以上，音声によるコミュニケーション能力を育成するための指導の過程を，順を追って解説してきました。では，実際にはどのようになるのか，JTE および ALT，生徒の発言を想定して，授業を進めてみましょう。

Greetings

JTE: Good morning, everybody.
S: Good morning, Mr. Kitano.
JTE: How are you?
S: I'm fine, thank you. How are you?
JTE: I'm fine, too, thank you.
Good morning, Andy.
ALT: Good morning, Mr. Kitano.
JTE: How are you?
ALT: Fine, thanks. And you?
JTE: Fine, too, thank you.
ALT: Good morning, class.
S: Good morning.

Daily Conversation

JTE: We have a new teacher today.

Andy, will you introduce yourself to the students?

ALT: O. K. How do you do, everybody? My name is Andrew Johnson.

Call me Andy. I am 28 years old. I'm from Australia. I like tennis.

JTE: What part of Australia are you from?

ALT: (黒板にオーストラリアの地図を描いて，指さしながら)

Here. This is Canberra.

JTE: Oh, Canberra. Canberra is the biggest city in your country, isn't it?

ALT: No, it's not the biggest. The biggest city is Sydney. Canberra is the capital of Australia.

Kitano-sensei, have you ever been to Australia?

JTE: No, but I want to go there.

ALT: Why do you want to go?

JTE: Because I want to do some sightseeing.

ALT: (生徒たちの方を向いて) Who went to Australia?

S1: I went there.

ALT: When?

S1: Last year.

ALT: What part of Australia did you go to?

S1: Sydney.

ALT: Why did you go?

S1: To see the Olympic Games.

ALT: Oh, really?

Who else went to Australia?

S2: I did. I went three years ago.

ALT: What part of Australia did you go to?

S2 : Perth.

ALT : Why did you go there?

S2 : My father was working at a Japanese company there, so I went to see him.

ALT : How long did you stay?

S2 : One week.

ALT : Did you do some sightseeing during the stay?

S2 : Yes. I saw Ayers Rock, koalas and kangaroos.

JTE : By the way, do you have your passport now, Andy?

ALT : Yes, I do.

JTE : Show me your passport, please.

ALT : Sure. Here you are.

JTE : When did you come to Japan?

ALT : Last March.

JTE : Why did you come to Japan?

ALT : To teach English.

JTE : Did you come here alone?

ALT : No, I came with my sister.

JTE : Did she come to teach English, too?

ALT : No, she didn't.

JTE : What's the purpose of her visit?

ALT : Sightseeing. She is interested in Japanese old temples and shrines. She came to Kyoto and Nara five years ago.

JTE : How long are you going to stay in Japan?

ALT : Two years.

Comprehension Check Up

JTE : Class, from now we'll ask you about Andy.
If the English about Andy is correct, will you show me the front of your book ? If the English about Andy is not correct, show me the back of your book. O. K. ?

Ss : O. K.

JTE : Stand up, all of you.

ALT : Question No. One. My name is Candy Johnson.

JTE : Students, show me your books.

Ss : (教科書の裏を見せる)

JTE : Andy, are you Candy ?

ALT : No, I'm Andy. Andrew Johnson.
Next. I'm from Sydney, Australia.

Ss : (教科書の裏を見せる)

JTE : Where are you from ?

ALT : I'm from Australia, but not from Sydney.

JTE : (生徒たちの方を向いて) Where is he from ?

S : He is from Canberra.

ALT : Canberra is bigger than Sydney.

Ss : (教科書の裏を見せる)

ALT : Canberra is the capital of Australia.

Ss : (教科書の表を見せる)

ALT : I'm 38 years old.

Ss : (教科書の裏を見せる)

JTE : (生徒たちの方を向いて) How old is he ?

S : 28 years old.

ALT : I have a sister.

Ss : (教科書の表を見せる)

ALT: My sister is in Japan now.

Ss: （教科書の表を見せる）

ALT: This is the first visit to Japan for her.

Ss: （教科書の裏を見せる）

JTE: The second visit?

ALT: Yes.

She is interested in old temples.

Ss: （教科書の表を見せる）

ALT: My sister and I will go back to Australia next week.

Ss: （教科書の裏を見せる）

JTE: When will you go back to your country?

ALT: In two years.

New Material

JTE: All of you, let's go to the new material. Look at and listen to us.

（空港での飛行機の離着陸の音や，国際線の英語のアナウンスを効果音として，テープなどで流す。税関の Officer のパートを担当する ALT は帽子をかぶるなどする。由紀のパートは JTE が担当する。JTE はできるだけ実際のパスポートを準備しておく。また，大きなバッグを持つと現実味を帯びる。しばらくして，音の大きさをゆるめる）

Officer（*ALT*）: Show me your passport, please.

Yuki（*JTE*）: Sure. Here you are.（実際にパスポートを手渡す）

Officer: What's the purpose of your visit?

Yuki: Sightseeing.

Officer: How long are you going to stay?

Yuki: One week.

Officer : O. K. Enjoy your stay.
Yuki : Thank you.

JTE : Look at and listen to us again. Shall we go?

Officer (*ALT*) : Show me your passport, please.
Yuki (*JTE*) : Sure. Here you are. (実際にパスポートを手渡す)
Officer : What's the purpose of your visit?
Yuki : Sightseeing.
Officer : How long are you going to stay?
Yuki : One week.
Officer : O. K. Enjoy your stay.
Yuki : Thank you.

JTE : Now, boys and girls. I'll ask you about the situation. Andy, where were we?
ALT : Here.
JTE : No. No kidding!
Where were we?
ALT : In the classroom.
JTE : Oh, Andy. Stop joking.
What situation was that?
ALT : The customs.
JTE : Next. Andy, Will you ask the students?
ALT : O. K. Which was the officer, Mr. Kitano or Andy?
S : Andy.
ALT : That's right. I was the officer.
What did I want to see?

S :　Passport.

ALT : Did he show me his passport?

S :　Yes, he did.

ALT : Did he come to study English in the United States?

S :　No, he didn't.

ALT : Did he come to watch baseball games?

S :　No, he didn't.

ALT : What was the purpose of his visit? Meeting his friends?

S :　No.

ALT : Buying things?

S :　No.

ALT : Sightseeing?

S :　Yes.

ALT : How long was he going to stay?

S :　One week.

ALT : Did I ask him any other questions?

S :　No, you didn't.

ALT : Who said, "Enjoy your stay"?

S :　You did.

ALT : What did he say?

S :　"Thank you."

JTE : これがパスポートです。開いてみると，写真，国籍，姓名，生年月日などが書かれています。（あらかじめパスポートをコピーしておいて，生徒に見せる）

Reading

Now, class. Open your books to page 21. Look at the dialog. Listen to us.

Officer (*ALT*): Show me your passport, please.

Yuki (*JTE*): Sure. Here you are.

Officer: What's the purpose of your visit?

Yuki: Sightseeing.

Officer: How long are you going to stay?

Yuki: One week.

Officer: O. K. Enjoy your stay.

Yuki: Thank you.

JTE: Next time, let's practice reading. Listen and repeat after Andy.

ALT: Show me your passport, please.

Ss: Show me your passport, please.

ALT: Sure.

Ss: Sure.

ALT: Here you are.

Ss: Here you are.

ALT: What's the purpose of your visit?

Ss: What's the purpose of your visit?

ALT: Sightseeing.

Ss: Sightseeing.

ALT: How long are you going to stay?

Ss: How long are you going to stay?

ALT: One week.

Ss: One week.

ALT: O. K.

Ss：　O. K.

ALT：Enjoy your stay.

Ss：　Enjoy your stay.

ALT：Thank you.

Ss：　Thank you.

JTE：　Let's read new words. Look at the cards and repeat after Andy.
（フラッシュカードを見せて，ALT のあとに繰り返させる）

ALT：officer

Ss：　officer

JTE：　officer の意味は？

Ss：　「税関の係の人」

ALT：show

Ss：　show

JTE：　show の意味は？

Ss：　「～を見せる」

ALT：passport

Ss：　passport

JTE：　passport の意味は？

Ss：　「パスポート」

ALT：purpose

Ss：　purpose

JTE：　purpose の意味は？

Ss：　「目的」

ALT：sightseeing

Ss：　sightseeing

JTE：　sightseeing の意味は？

Ss :　「観光」
ALT : Sure.
Ss :　Sure.
JTE : Sure. の意味は？
Ss :　「いいですとも」
ALT : What's the purpose of ～？
Ss :　What's the purpose of ～？
JTE : What's the purpose of ～？ の意味は？
Ss :　「～の目的は何ですか」

JTE : Let's have a conversation next. Andy will take the part of the officer. You'll take the part of Yuki. Andy, start.

ALT : Show me your passport, please.
Ss :　Sure. Here you are.
ALT : What's the purpose of your visit?
Ss :　Sightseeing.
ALT : How long are you going to stay?
Ss :　One week.
ALT : O. K. Enjoy your stay.
Ss :　Thank you.

JTE : Let's change the parts. You'll take the part of the officer. I'll take Yuki's part. Let's go, shall we?

Ss :　Show me your passport, please.
JTE : Sure. Here you are.
Ss :　What's the purpose of your visit?

JTE : Sightseeing.

Ss : How long are you going to stay?

JTE : One week.

Ss : O. K. Enjoy your stay.

JTE : Thank you.

JTE : Practice reading in pairs from now.

S1 : Show me your passport, please.

S2 : Sure. Here you are.

S1 : What's the purpose of your visit?

S2 : Sightseeing.

S1 : How long are you going to stay?

S2 : One week.

S1 : O. K. Enjoy your stay.

S2 : Thank you.

Learning by heart

JTE : I'll write "initial sentences" on the blackboard. Look at them and learn them by heart.

Officer : S me y p , p .

Yuki : S . H y are.

Officer : W the p of y v ?

Yuki : S .

Officer : H l are you g to s ?

Yuki : O w .

Officer : O. K. E y s .

Yuki : T y .

JTE : One of the two persons should read the part of the officer, and the other person should learn Yuki's part by heart.

Officer : Show me your passport, please.

Yuki :

Officer : What's the purpose of your visit?

Yuki :

Officer : How long are you going to stay?

Yuki :

Officer : O. K. Enjoy your stay.

Yuki :

JTE : Change the parts, will you?

Officer :

Yuki : Sure. Here you are.

Officer :

Yuki : Sightseeing.

Officer :

Yuki : One week.

Officer :

Yuki : Thank you.

JTE : Some pairs should demonstrate.

Student A : Show me your passport, please.

Student B : Sure. Here you are.

Student A : What's the purpose of your visit ?

Student B : Sightseeing.

Student A : How long are you going to stay ?

Student B : One week.

Student A : O. K. Enjoy your stay.

Student B : Thank you.

Communication Activities

JTE : I'll give you the worksheet. どこか外国の空港で入国審査を受けるつもりで，次の問いに答えなさい。Fill in the blanks.

① What foreign country do you want to go to ?
( )

② Why do you want to go there ?
( )

③ How long are you going to stay ?
( )

JTE : Andy will be an officer. He will ask you, so answer.

Officer : Passport, please.

You : ( )

Officer : What's the purpose of your visit ?

You : ( )

Officer : How long are you going staying ?

You : ( )

Officer : O. K. Enjoy your stay.

You : ( )

JTE： Next, You should practice talking with your partner.

You： (　　　　　　　　　　　　)
Partner： (　　　　　　　　　　　　)
You： (　　　　　　　　　　　　)
Partner： (　　　　　　　　　　　　)
You： (　　　　　　　　　　　　)
Partner： (　　　　　　　　　　　　)
You： (　　　　　　　　　　　　)
Partner： (　　　　　　　　　　　　)

Writing

(WORKSHEET)

Target Sentence

Show me your passport, please.
(日本語)

____

____

A. Put into Japanese.

1 Show me your notebook, please.

____

2 Show me your new pen, please.

____

3 Show me your computer, please.

____

B. Put into English.

1 あなたのカバンを見せてください。

____

2 写真を見せてください。

____

3 カメラを見せてください。

____

C. 「○○を見せてください」という文を三つ作りなさい。

1

____

2

____

3

____

JTE: S1, Put the target sentence into Japanese, please.

S1: パスポートを見せてください。

JTE: That's right.
Let's go to A. S2, put No. 1 into Japanese.

S2: ノートを見せてください。

JTE: Good. S3, put No. 2 into Japanese.

S3: 君の新しいペンを見せてください。

JTE: Good. S4, put No. 3 into Japanese.

S4: コンピュータを見せてください。

JTE: Good. Go on to B.

ALT: S5, put No. 1 into English.

S5 :　Show me your bag, please.

ALT : Right.　S6, put No. 2 into English.

S6 :　Show me your pictures.

ALT : Good.　S7, put No. 3 into English.

S7 :　Show me your camera, please.

ALT : Good.

JTE :　Next, C.

S8, please say.

S8 :　Show me your dog, please.

JTE :　Very good.　S9, what did you write?

S9 :　Show me your CD, please.

JTE :　Very good.　S10, please answer.

S10 :　Show me your girl friend, please.

JTE :　Oh, wonderful!

JTE :　Now time is up.　That's all for today.

Good-bye, everyone.

Ss :　Good-bye, Mr. Kitano.

JTE :　Good-bye, Andy.

ALT : Good-bye, Kitano-sensei.　Good-bye, class.

Ss :　Good-bye, Andy.

英語を聞く力はどうすれば身につけさせることができるか，という質問をよく受けます。それには，「英語を聞かせる時間を増やすこと」と答えています。そのためには，授業を英語で進めることが第一だと思います。

3 読むことに重点を置いた指導の過程

(1) なぜ，読むのか

なぜ，英語を読むのでしょうか。教える立場から言えば，なぜ英語を読ませるのでしょうか。

学校という場所では，まず教科書に書かれている英語には，どのような語彙が使われ，どのような文型・文法が基本になっているかを理解させようとします。「この語の意味は何ですか」や「動詞の過去形は原形に ed を付けます」というような質問や解説は，上の目的を果たすために行われるものです。これは，英語そのものの理解が目的になっています。

ところが，語彙の習得や文型・文法の理解をするというステップを踏みながらも，そのこと自体が目的ではなく，そこに書かれている内容を知り，教養を身につけたり心の安らぎを得たりするために英語を読むということもあります。その場合，英語は手段になっています。読んだ英語の内容は，他の人を意識せずに，思索したり教養を高めたりするために役立てられます。

英語を読む第三の理由は，そこの書かれている内容のうち，自分にとって必要な情報を得たいからです。換言すれば，何かを調べたいからなのです。単なる理解ではなく，積極的・主体的に情報をつかみとることなのです。英語の文章を端から端までまんべんなく理解しようとするのではなく，必要なところだけ読みます。極端に言えば，不必要なところは読まない，ということも起こりうる読み方です。しかも，そのつかんだ情報や調べたことを他の人に伝達するという目的を持っています。第二の理由の中で述べた手段としての英語は，他人を意識しないで自分のために用いられるのに対して，これは同じ手段でも他の人とコミュニケートするために用いられると言えます。

（2）従来の読み方の指導と新しい読み方の指導の結合

「従来」というこの一言で，これまでの全ての教師が同じ指導をしていた，というつもりはありません。しかし，多くの教師たちが，読むことといえば「正しい発音で音読ができること」と，「読んで的確に意味を理解すること」を目指して指導していたように思います。英語という外国語を教えるとき，そのように「理解」を中心にする指導は欠くべからざるものではあります。

現在，音声によるコミュニケーション能力を育成することの必要性が，あまりに強く叫ばれているために，情報を伝達するという活動のみが重要視されているのではないかと思えるくらいです。よく「最近の生徒は，以前の生徒に比べて，英語の力が落ちた」といわれます。このときの英語の力とは，いうまでもなく，英語を読んだり書いたりする力のことです。英語を聞いたり話したりする力のことではないでしょう。

以前は，「聞くだけではわからないけれど，文字を見ると理解できる」という生徒をよく見かけました。現在は，「読んでもわからないけれど，聞くとよくわかる」という生徒は決して珍しくありません。それは授業中，英語の音声を通しての指導の時間が長くなっているからではないかと想像しています。特にティームティーチングにおいてその傾向が強いと思われます。ティームティーチングが導入されて，英語を聞いたり話したりする時間，とりわけ英語を聞く時間が圧倒的に増加したことは事実です。ここでも，英語を聞く力を伸長させるためには，英語を聞かせる時間を増加させることが必要であるということがわかると思います。読む力を伸長させるためにも同様のことをしなければなりません。つまり，読む時間を増やさなければならないということです。ティームティーチングでは，音読以外になかなか読む時間をとっていないというのが実情のようです。

話が少し横道にそれましたので，読むことの指導に戻りましょう。これからの読むことの指導で重要なことは，従来の理解を中心とする読むことの指導に加えて，コミュニケーションを意識した指導がなされなければならないということです。つまり，従来の読むことの指導と新しい読むことの指導を結合させるということです。

英語を日本語に訳したり，概要や要点を把握したりするだけでは理解の段階にとどまります。それだけで読むことの指導が終わるならば，読むことによるコミュニケーションにまで高まることはありません。

新しい読むことの指導とは，主に情報を獲得するために読ませるという目的を持った指導のことです。自分にとって必要なことを読み取らせるようにすることです。そうだとすれば，与えられた英語の内容を理解させるというよりも，生徒自らが英語自体（書物，新聞など）を探して，必要なことがらを読み取る活動をさせることになります。「総合的な学習の時間」において求められている活動には，そういった自ら課題を発見したり選択したりし，しかも自らその課題を解決することも含まれていますが，英語を読むことにおいても同様のことが言えると思います。このような読む活動は，教室の中の学習から離れて，主体的なしかも生涯を通じて役立つものになるはずです。

読むことの指導においては，生徒の活動を内容理解にとどまらせるか，あるいはコミュニケーションにまで高めるのかを決めるのは「質問」です。そこで，質問の種類と，教科書を用いた通常の授業では具体的にどのように質問すればよいかを考えてみましょう。

（3）　質問の種類

①　音声に関する質問

書かれた英語を理解するためには，必ずしも正しい発音をする必要がないかもしれません。例えば，sometimesを「ソメチメス」と読んだとしても「ときどき」という意味はわかるでしょう。しかし，他の人に正確に伝えるためには正しく読まなければなりません。具体的には次のような質問（または，指示）が考えられます。

「workという語は，どのように発音しますか」

「Take it easy. の 3 語を連結させるとどのような発音になりますか（発音してみなさい）」

「Would you tell me the way to the station? の Would と you は，分けて読むと［wúd］と［ju］のようになりますが，続けるとどのように読まれますか」

「today という語は，どこを強めて読みますか（どこにアクセントがありますか）」

「in front of the library では，どの語を強めて発音しますか」

「Nice to meet you. の文では，どの語を強めますか」

「Ben: Is that a morning paper?　Father: No, it's an evening paper. の対話文の父のパートの文では，どの語を強めますか」

「What's your name? という疑問文では，上昇調のイントネーションが用いられますか，それとも下降調のイントネーションが用いられますか」

「Don't be afraid of making mistakes when you speak Japanese. を 1 ヵ所区切って読むとすれば，どこで区切りますか」

特に最後の，基本的な区切りの箇所がどこかを問う質問に答えられなければ，他の人に伝えられないのはもちろん，自分も意味を理解することができないことになります。

② 内容理解に関する質問

内容を理解するためには，部分の理解から全体の把握へ進めるいわゆるボトム・アップの方法が有効なのか，あるいは全体把握を先にしたあとで部分の意味を確認するいわゆるトップ・ダウンの方法が有効なのかは既に述べましたが，ここでは，そのいずれの方法を取るにしても，どのような質問をすればよいのか検討してみましょう。（具体的に考えやすいように，"John Manjiro"（ONE WORLD English Course 2, pp. 70-75）を例にします）

英語の内容が理解できているかを確認するために，最もよく用いられる質問

（または，指示）は1文1文日本語に訳すことでしょう。もちろん日本語に直すためには，語彙の意味を知り，文法の知識を持っていなければなりません。したがって，語，連語，慣用表現，文法などについて解説することになります。

「captain は日本語でどういう意味ですか」
「The ship arrived in Hawaii. を日本語に訳しなさい」
「Manjiro was saved by the John Howland, an American ship. の was saved は文法用語で何と呼ばれますか」
「be famous for はどんな意味ですか」
「I see. はどんな状況のときに使いますか」

上のような質問をすること通して，全体を理解していきます。
一方，細かな部分の理解は後回しにして，まず全体を読んで「概要」や「要点」を把握させるために行う質問には次のようなものがあります。

「この英文の内容に合うタイトル（題名）を付けてみなさい」
「このストーリーは，いつごろの話ですか」
「この話の舞台となっているのはどこですか」
「だれのことを書いた話ですか」
「どんな出来事が書かれていますか」
「この話の背景になっているのはどんなことですか」
「この話はどのように展開されていますか。時間を追って出来事を書いていきなさい」

この種の質問には，5 W 1 H，つまり“When ～?”“Where ～?”“Who ～?”“What ～?”“Why ～?”“How ～?”を用いるとよいでしょう。もちろん，英文には5 W 1 Hの全てに答えられる内容が含まれているとは限りませんから，適宜，選択する必要はあります。

③　情報獲得に関する質問

これは，読むことにおいて最も主体的に活動させるための質問（または，指示）です。既に与えられている英語を理解させることが目的の質問ではなく，自分が知りたい情報を生徒自身に獲得させることが目的の質問です。本来ならば，生徒に読むべき英語を書物や新聞，インターネットなどから選ばせることから始めなければなりません。

例えば，生徒がジョン万次郎についてもっと詳しく調べたいと思ったのは，新聞や雑誌などで咸臨丸のことを知ったことが理由かもしれません。あるいは，歴史の授業で習った中浜万次郎に興味を覚え，書物を読み始めるということも考えられるでしょう。

このように生徒が自ら進んで読んでみたいという気持ちを起こさせるような質問（または，指示）を与えることが重要になります。各校において，その読みたい気持ちを満足させるための図書の充実が望まれます。

それでは，授業で教科書の英語をどのように扱えばよいか考えましょう。

読みたい気持ちを起こさせるためには，まず情報を提供しなければなりません。しかも，その情報は生徒の知的好奇心を呼び起こすようなものである必要があります。

「中浜万次郎。1827～98。江戸時代の英学先覚者。土佐国（高知県）幡多郡中ノ浜の漁夫。1841年（天保12）出漁中無人島（鳥島）に漂着し，アメリカの捕鯨船に救助され，船長に愛されて名をジョン・マンと改め，船長の生地で3ヵ年の学校教育を受け，英語・航海術・測量術を修めた。のち帰国の資金を得て，51年（嘉永4）琉球に上陸したが，すでにほとんどの日本語を忘れていた。鹿児島で島津斉彬に海外事情を紹介。また長崎奉行に取り調べを受け，翌年故郷に帰った。土佐藩は彼を登用し，以後姓を中浜と称した。53年幕府の普請役格に列し，江川英竜のもとで端艇の建造などに従事し，57年（安政4）軍艦操練所教授方に登用された。60年（万延1）には咸臨丸の通弁主務としてアメリカに渡航した。……」
（「世界大百科辞典」（平凡社）より）

このような情報を受けたとき，生徒は図書館へ書物を借りにいったり，書店で書物を買ったり，インターネットでアクセスしたりすることもあるに違いありません。教科書を開くこともあるかもしれません。そこでどのような情報を得たいのかは，個々異なるはずです。あるいは，具体的なことがらが浮かばないけれども，とりあえず読んでみようという生徒もいることでしょう。そのような生徒には，次のような質問（または，指示）をするとよいと思います。

「なぜ，ジョンという名前が付いたのですか」
「ジョン万次郎の生い立ちについて調べなさい」
「万次郎はどのようにして英語の発音を覚えたのですか」
「ゴールドラッシュはいつごろ始まったのですか」

④　考えや意見などに関する質問

英語の学習は受け身的である，とよくいわれました。そのほとんどの時間が教材の理解のために費やされたからです。しかし，他から情報を吸収するだけではなく，自分の考えや意見，気持ちなどを他に伝えることも重要ではないでしょうか。この場合，教材は文字通り，考えたり共感したり批判したりするための題材になります。

自分の考えや，意見，気持ちなどを伝えるという練習を，次のような質問（または，指示）を与えて行います。

「あなたはどこに共感しましたか」
「あなたと異なる意見はどこですか」
「新しく学んだことはどんなことですか」
「自分がその立場だったら，どんな行動をとりますか」
「新たに考えたことを書きなさい」

（４） ティームティーチングによる読むことの指導

① ティームティーチングの文化的な効果

ともすると，ティームティーチングでは「聞くこと」「話すこと」あるいは「音声によるコミュニケーション」の指導に偏りがちです。仮に，ティームティーチングで「読むこと」の指導が行われたとしても，ALT はほとんど音声の指導のみに終始しています。つまり，英語の発音の仕方や音読の方法を教えるにすぎないことが多いのです。

「読むこと」の指導は，JTE が語彙や文法の説明をしながら「解読」する方が効果的であると考えられているのかもしれません。特に細かな部分について尋ねるときは，日本語でなければ無理な場合もあるでしょう。英語を日本語に訳すことが，読むことにおける内容理解の唯一の方法であると考える限りは，ティームティーチングはあまり有効ではありません。

しかし，コミュニケーションは音声のみによって行われるのではありません。文字による英語を題材にして，聞いたり話したり，またはコミュニケートしたりすることは可能です。授業において，教科書の英語を読むということは，教師と生徒，あるいは生徒同士がそれを基にして話し合う「材料」を作るということです。同じ英語の文章を読んでも，教師と生徒，あるいは JTE と ALT によって，理解の度合いや理解の仕方が変わるのは当然です。とりわけ ALT という外国人と日本人との間では，解釈の違いが生じるでしょう。その違いを認識したり評価し合ったりするために英語を話すこと，それが異文化理解・国際理解につながるのです。

例えば，日本人が久しぶりに会ったアメリカ人の友人に，“Thank you for the other day.” とごく当然のように言った，という文があるとします。これを日本語に直すと，「先日はありがとうございました」になるので，この英語に特に何も感じない日本人がいるかもしれません。しかし，ネイティブ・スピーカーたちのほとんどがこれを読んだときにちょっと腑に落ちない気持ちを抱くと言います。日本人にとって丁寧なお礼の言葉だと思っているものが，ネイティブ・スピーカーにとってはあまり聞き慣れない言葉になることがあります。ネイティブ・スピーカーたちは，感謝の気持ちを後日に表すことをあまりしないからです。

もう一つ例を出しましょう。みそ汁を食べるとき音をたてても，日本では行儀が悪いとは言いません。ところが，スープを飲むときは，スプーンで口に流し込むようにして音を出さないようにしますね。このようなマナーの違いも，初めて読む生徒たちには興味を呼び起こすことです。表現の違いや文化の違いは，JTE・生徒と ALT がそれぞれに疑問を出し合うことによって，より効果的に理解できるでしょう。

また，ALT の指摘によって日本の文化を再認識することもあります。

I get up at 7 : 00.

I eat breakfast at 7 : 30.

I eat rice and miso-soup for breakfast.

I walk to school.

I have four lessons in the morning.

I eat lunch at 12 : 20 in my classroom.

I have two lessons in the afternoon.

I go home at 3 : 45.

I go to juku at 5 : 00.

I study English and math there.

I come home at 9 : 00.

I eat dinner at 9 : 10.

I eat rice, vegetables, fish, meat, and so on for dinner.

I take a bath at 9 : 40.

I go to bed at 11 : 00.

日本人の生徒が上のような英語の文を書いたとします。生徒は何の不思議も感じずに思った通りに書いたに違いありません。しかし，これを読んだALTはいくつか理解できないことがあると言うでしょう。

「朝食でも夕食でも米を食べるのですか。よく飽きませんね」
「授業は，午前中4時間，午後2時間，合計で6時間もあるのですか。よく勉強しますね」
「昼食は教室で食べるのですね。食堂はないのですか」
「塾とは，一体何ですか」
「毎日，お風呂に入るのですね。毎日入って疲れませんか」

ALTからこのような思いもよらない質問を受けることによって，自分たちの生活を改めて認識することになります。

②　JTEとALTの役割

JTEとALTの最も大きな違いは，当然のことながらJTEは日本語を使い，ALTは英語を使うことを得意としているということでしょう。もちろん，JTEも英語を使い，ALTも日本語を使うことはありますが，それぞれがネイティブとしてそれぞれの母語を使うことに優れていることは否めません。その特徴は承知していますが，英語を教えるというときには，日本語の使用は最小限に抑え，できるだけ英語を使うことの方が効果があります。

ア）　JTEの役割

○授業の進行役を務める。

授業は全てティームティーチングで行われるという場合は別ですが，たいていは，週に1回とか，月に2回とか，あるいは1学期間だけであるとかが多いでしょう。その場合は，生徒の能力や適性などをよく知っているJTEが授業を進めていくべきだと思います。

ALTはもちろんJTEも全て英語で授業を進めようと思えば，その英語が生徒にとってわかる英語であるのかどうかを常に気に留めておかなければならないでしょう。特に使っている語彙，文法などが既習であるのか，あるいは解説を必要とするのかなどの判断はJTEに課せられていると思います。

○題材について日本語で解説する。

新しい題材に入る前に，その概要や背景などの解説をすることがあります。その際，英語でできれば申し分ありませんが，なかなか生徒に理解できるような解説は難しいものです。新しい題材に好奇心や興味，関心を持たせるために，日本語の使用はやむを得ないかもしれません。

○ニュアンスが微妙に違う語や連語などの意味を日本語で説明する。

英語がなんとなくわかるとか，大体わかる程度のわかり方でよいのならば，敢えて意味の微妙な違いをあまり詳しく言及する必要はないでしょう。むしろ，コミュニケーションをスムーズに行うためには，あまり細かなことは気にせずに話を進める方がよい場合があります。しかし，その違いを明確にしないと英語が理解できない場合は，しかもなかなか英語で説明しきれない場合は，やはり日本語を用いざるを得ないのではないでしょうか。例えば，I am afraid that I don't agree with you. と I'm sorry that I don't agree with you. とのどちらを用いても，「私はあなたの意見には賛成ではありません」という内容は伝わります。しかし，気持ちの違いを正確に理解させることは難しい。そのような場合には，日本語を使って解説することは仕方のないことです。

○ ALTの使う英語の解説を求める。

JTEが，ALTの使う英語がわからないから解説を求めるわけではありません。生徒がよく理解できるように，詳しく言ったり表現を変えたりするように求めるのです。例えば，「きょうの天気はどうですか」という意味で，What's the weather like? を好んで使うALTがいます。その表現を初めて聞く生徒は応答できないことが多いのです。難しいことが見て取れたときに，これまで習ってきているHow's the weather? と言い換えるように求めるのです。

英語を日本語に直す「英文和訳」に対して，英語をわかりやすい英語に直すこと，あるいは表現を変えることを「英文英訳」とでも言っておきましょう。

ALTも経験を積んでくると，このような状況を察知して，自ら「英文英訳」を試みるようになります。

○文法を説明する。

英語を母語にしている人たちは，文法の説明をとりたてて受けなくても，英語を聞いて理解したり話したりできます。多くの英語に触れ，話すという経験をしているうちに，おのずからその使い方が身についていくからです。しかし，生の英語が溢れているわけではない環境，言い換えれば英語の授業以外はほとんど日本語ばかりの環境では，文法を科学的に教えることの方が習得が速いと言えます。文法説明をALTが担当することがよくないと言っているのではありません。JTEとALTのうち，うまく説明することができる方がすればよいわけです。

ただし，ここでいう文法とは文法用語のことを指すのではありません。例えば，動詞のing形が現在分詞であるのか動名詞であるのか，という分析は中学校の段階では必ずしも必要ではないでしょう。

文法の説明は必要最小限に，しかもわかりやすく行うことが重要です。「『am，またはare，is＋動詞のing形』で『～している』という意味を表す」というくらいで十分でしょう。まとめの段階では，「『am，またはare，is＋動詞のing形』で現在進行形という」という程度でいいと思われます。

○自国文化の発信のサンプルを示す。

国際理解には，他国の文化の受信と自国の文化の発信の両者がなくてはなりませんが，ともすると特に「読み物教材」では前者に重点が置かれていたように思います。最近になって，自国の文化の発信の重要性が叫ばれるようになり，「読み物教材」でも日本の文化を題材にしたものが増えてきました。しかし，生徒たちにとっては，文化を発信するということは並大抵のことではありません。発信することはなぜそんなに難しいのでしょうか。それには次のような理由が考えられます。

第一に，自国の文化の理解が十分でないということです。自国の文化の中にどっぷりとつかっていると，改めて母語や文化を意識することが少ないため，発信するときに具体的な表現が出てこないことがよくあります。

第二に，自国の文化を発信する方法がよくわからない，ということです。端的に言うと語学力の問題です。適切な語彙を使い，文章を作り上げていく訓練をあまり受けていないからです。そこで，JTE には自国の文化を発信するためのサンプルを示す役割があるというわけです。

イ）　ALT の役割

○英語の発音や読みのモデルを示す。

JTE も英語の標準的な発音や読み方を知っており，モデルになることもできますが，ティームティーチングのときはやはり ALT がそれらを示すのが妥当でしょう。ALT はネイティブ・スピーカーとして少なくとも通じる英語を使うことができるからです。

現在使用されている教科書では，アメリカ英語の発音が用いられています。ALT の中には，アメリカ以外の国の出身者もおり，多少違う発音をする人もいますが，コミュニケーションを図るには，あまり支障をきたしません。教科書に付属している CD やテープのネイティブ・スピーカーの発音と違うことがあるので，気づいた場合はその違う理由を的確に説明する必要があります。例えば，soccer を[サッカー]と発音するか[ソッカー]と発音するか，あるいは often を[オーフン]と発音するか[オフテン]と発音するかなどの違いはありますが，この程度の違いであれば，いろいろの発音があるというくらいに考えてよいでしょう。

Where did you go yesterday? や How old are you?，What's your name? などの疑問詞で始まる疑問文のイントネーションは，授業では下降調になると教えていますが，ALT の中には上昇調で読む人がいます。改めて，どちらが正しいのか尋ねると，下降調だと答えるのですが，意識しないと癖が出てしまうようです。そのような場合に指摘をし，標準的な発音や読み方をするように ALT に求めるのが JTE の役目です。

○要点や概要を示す。

読んで理解することを目的にした題材の英文は長いことが多いので，事前にあるいは事後に要点を捉えたり，概要をまとめたりして，生徒に紹介することが必要な場合があります。その役割は，JTEよりもALTの方が向いていると思います。ここでも，JTEがその役割を果たすことができない，と言っているわけではありませんが，要点を捉えたり概要をまとめたりするのは，それに要する時間のことを考えると，ALTがする方が都合がよいのではないでしょうか。

この役割は，たとえ英語を母語とするALTであっても，それほど簡単なものではありません。事前に準備しておくことが重要です。その内容は既に述べたものですが，要点とはその英文の重要なポイントとなるテーマのことだと言い換えることができます。概要とは，その英文の骨組みとなるあらすじのことです。5W1Hの問いに対する答えを並べれば概要になります。「いつ」「どこで」「だれが」「なにを」「なぜ」「どのように」したかを説明すればいいわけです。もっとも5W1Hの要素が全てその英文の中に含まれているとは限りません。

○英語のインフォーマントになる。

ALTには英語の語彙や表現が適切かどうか，どのような場面や状況で，どのように使われるべきかなどを話したり，自国や他の国の文化を説明したりする役割があります。例えば，「『私は大学に行っています』は，I go to college. ですか，それともI go to university. ですか。あるいはどちらでもいいのですか」という質問には答えなければなりません。特に日本人にわかりにくいのは，教科書には書かれていない文化の違いです。例えば「握手をする行為はよく見かけますが，左手でしてもいいのですか。手袋をしていてもいいのですか。どこを見るのですか。日本人のように手を握りながらお辞儀をしてもいいのですか」という何でもないような疑問を生徒は持っているのです。それらに対して，明確に説明することが求められます。

◯英語の例を示す。

JTEが文法の説明をしたあとなど，英語の例を即座に示すと，生徒の理解は速く，しかも定着しやすくなります。

文法事項を理解させるのに一つの例文を示すだけでは不十分です。例えば，「受け身形はbe動詞＋過去分詞の形になる。English is taught in Japan. のis taught がそれで，『～られている』という意味である」はわかりやすい解説ですが，生徒にとっては丸暗記を強いられるものです。一度忘れると思い出すのに苦労します。それに対して，イメージを浮かべることのできるいくつかの例を出せば，パターンを習得するようになります。

パターンプラクティスは機械的に過ぎる，という批判があります。内容を考えずに語を入れ替えたり，文を変換したりするだけの練習がよく行われたからでしょう。効果的にするためには常に意味を意識させながら，例文を読ませたり聞かせたりする必要があります。つまり，その例文は単なる文法を理解させるための例文ではなくて，情報を伝達するための文でもあるのです。

・English is used in Australia.
・English and French are used in Canada.
・English is spoken in England.
・Japanese is taught in Australia.
・Spanish is taught in the United States.

ティームティーチングにおける「読むこと」の指導はどうあるべきかを，JTE，ALT，および生徒の予想される発言を通して示してみましょう。

ONE WORLD English Course 2, pp. 70-75

Reading Lesson 2

John Manjiro

土佐の国，中の浜の漁師・万次郎は，仲間4人と1841（天保12）年1月，鰹漁に出かけました。ところが突然あらしにあって漂流し，八丈島の南30キロにある無人島・鳥島に流れ着きました。当時はまだそこに数多くいたアホウドリを食べて生きのびた彼ら5人はその年の夏，アメリカの捕鯨船ジョン・ハウランド号に救われました。そしてハワイに送り届けられました。その後，万次郎はどのような人生を送ることになるのでしょう。

Manjiro was saved by the *John Howland*, an American ship. He was only fourteen years old. Whitfield, the captain of the ship, liked Manjiro very much. He gave him the name "John" after the ship. The ship arrived in Hawaii. Everything was new to Manjiro — beds, knives, forks, everything.

Manjiro learned English by ear. He had a very good ear, so he learned English very quickly. After he came back to Japan, he wrote a book about English. In this book he showed how to read each word in *katakana*. For example, *wara* was for "water" and *koshichan* was for "question."

Two years later, the captain took Manjiro to his home in Massachusetts. Manjiro went to elementary school, and he learned to read and write English. After he finished school in 1846, he went to sea.

He missed his mother all the time. He often watched the sea and thought of his dear mother. He wanted to go back to Japan, but he didn't have enough money.

The year 1849 is famous for the "Gold Rush." Thousands of people went to California. Manjiro was among them. In two months he saved a lot of money.

Manjiro wanted to go back to Tosa, but he was afraid to do so. In those days Japan's doors were closed to other countries. So he went to Okinawa first. In 1852, he went back to his hometown at last.

The next year some American ships came to Uraga. Only Manjiro knew about America. Only he could speak English. The Tokugawa Government called him to Edo.

In 1860 the Government sent some messengers to the United States. Yukichi Fukuzawa was one of them. Manjiro, now a *samurai*, went with them as interpreter.

The ships arrived in San Francisco. The Japanese messengers were warmly welcomed. Manjiro spoke English very well. American people were very surprised at his English.

In San Francisco, Manjiro bought a Webster's dictionary. Manjiro also bought a camera for his wife and a sewing machine for his mother.

More than one hundred years ago, Manjiro went to school in the United States and learned English. He made friends with many Americans. He was a bridge between Japan and America.

Greetings

JTE : Good morning, class.

S : Good morning.

JTE：How are you today?

S：Fine, thank you. And you?

JTE：Fine, too, thank you.
Ohayogozaimasu, Andy.

ALT：Ohayogozaimasu.

JTE：Genki?

ALT：Maa-maa.
How are you, everybody?

S：Fine, thank you. And you?

ALT：Genki desuyo.

Daily Coversation

JTE：「掘った芋，いじるな」と言ったら，アンディーが何かするよ。どうすると思いますか。

S：……

JTE：じゃ，言ってみるよ。
Hottaimo ijiruna.

ALT：Excuse me?

JTE：Andy. Hottaimo ijiruna.

ALT：Oh. It's ten thirty.

JTE：アンディーはどんな英語に聞こえたのかな。

S：What time is it now?

JTE：That's right. How about 知らんぷり?

S：……

JTE：Andy, shiranpuri.

ALT：Excuse me?

JTE：Shiranpuri.

ALT：Oh, thank you.

JTE : How do you say it in English?

S : Sit down, please.

JTE : Right. How about this? 「10安打したん」
Who knows it?

S : ……

JTE : How do you say it in English, Andy?

ALT : Did you understand?

JTE : Good. Next one is difficult.
What is wara for?

S : 藁?

JTE : I drank wara.

S : わかった。Water.

JTE : That's right. Wara is for water.
Do you have any koshichan?

S : Koshichan?

JTE : Do you have any koshichan?

S : Yes, I do.

ALT : Koshichan is for question, isn't it?

JTE : That's right.

New Material

JTE : Let's go to today's material.

ALT : This is the story about John Manjiro.
Which was Manjiro, the family name or the given name?

JTE : The given name.

ALT : What was his family name?

JTE : He had no family name. He was a fisherman. Fishermen had no family name at that time. But he became a samurai later and got a family name.

ALT : Oh, really?

Now, everybody. You can see his picture on page 70. He was born in Tosa. He went fishing with his friends in January, 1841.

JTE : では，今からジョン・マンジロウを読んでみましょう。初めは，いちいち訳さないで最後まで読み通しなさい。2回目は，次のワークシートの質問の答えを考えながら読みなさい。

Part 1

1 Who saved Manjiro?

____

2 What name did Whitfield give Manjiro?

____

3 Where did the ship arrive?

____

4 How did Manjiro learn English?

____

5 How did Manjiro learn how to read each word?

____

Part 2

1 Where did the captain of the ship take Manjiro?

____

2 When did Manjiro finish school?

____

3 Manjiro wanted to go back to Japan, but he couldn't go back to Japan. Why?

____

4 Did Manjiro save much money for the "Gold Rush"?

____

Part 3

1 Manjiro wanted to go back to Tosa, but he didn't go back to Tosa. Why?

____

2 What part of Japan did Manjiro go to first?

____

3 When did Manjiro go back to his hometown?

____

4 Some American ships came to Uraga. When?

____

5 Why did the Tokugawa Government call Manjiro to Edo?

____

6 When did the Government send messengers to the United States?

____

7 There was a very famous person among the messengers. Who?

____

8 Manjiro went to the United States with them. What job did he do?

____

Part 4

1 Where did the ships arrive first?

____

2　What did Manjiro buy in San Francisco?

____

JTE：書くのをやめなさい。今からアンディー先生が質問します。完全な文でなくてもいいですから，英語で答えてください。

ALT：Question No. 1.　Who saved Manjiro?

S：　John Howland did.

ALT：Question No. 2.　What name did Whitfield give Manjiro?

S：　He gave him the name John.

ALT：Question No. 3.　Where did the ship arrive?

S：　It arrived in Hawaii.

ALT：Question No. 4.　How did Manjiro learn English?

S：　He learned it by ear.

ALT：Question No. 5.　How did Manjiro learn how to read each word?

S：　He learned how to read them in katakana.

ALT：Part 2.　Question No. 1.　Where did the captain of the ship take Manjiro?

S：　He took him to his home in Massachusetts.

ALT：Question No. 2.　When did Manjiro finish school?

S：　He finished in 1846.

ALT：Question No. 3.　Manjiro wanted to go back to Japan, but he couldn't go back to Japan.　Why?

S：　Because he didn't have enough money.

ALT：Question No. 4.　Did Manjiro save much money for the "Gold Rush"?

S：　Yes, he did.

ALT：Part 3.　Question No. 1.　Manjiro wanted to go back to Tosa, but he didn't go back to Tosa. Why?

S: Because Japan's doors were closed to other countries in those days.

ALT: Question No. 2. What part of Japan did Manjiro go to first?

S: He went to Okinawa first.

ALT: Question No. 3. When did Manjiro go back to his hometown?

S: He went back to his hometown in 1852.

ALT: Question No. 4. Some American ships came to Uraga. When?

S: They came to Uraga in 1853.

ALT: Question No. 5. Why did the Tokugawa Government call Manjiro to Edo?

S: Because only Manjiro knew about America and could speak English.

ALT: Question No. 6. When did the Government send messengers to the United States?

S: In 1860.

ALT: Question No. 7. There was a very famous person among the messengers. Who?

S: Yukichi Fukuzawa.

ALT: Question No. 8. Manjiro went to the United States with them. What job did he do?

S: He did his job of interpreter.

ALT: Part 4. Question No. 1. Where did the ships arrive first?

S: They arrived in San Francisco first.

ALT: Question No. 2. What did Manjiro buy in San Francisco?

S: He bought a Webster's dictionary, a camera for his wife and a sewing machine for his mother.

JTE：　このレッスンは四つのパートから成っていますが，これからパート毎に詳しく内容を考えていきます。それでは，パート・ワンに戻りましょう。

　万次郎について知っていることを言ってください。

S：　万次郎は今の高知県の出身で，漁師でした。鰹をとりに漁に出かけたとき，嵐にあって漂流しました。

JTE：　どこに漂流したのですか。

S：　鳥島です。

JTE：　他に知っていることはありませんか。

S：　アメリカの捕鯨船に助けられました。

JTE：　その捕鯨船の名前は何と言いましたか。

S：　ジョン・ハウランドです。

JTE：　助けられたあと，どこへ送り届けられましたか。

S：　ハワイです。

JTE：　他に知っていることはありませんか。

S：　咸臨丸に乗って，アメリカに行きました。

JTE：　その船に有名な人がいましたが，だれですか。

S：　福沢諭吉です。

JTE：　なるほど。では次のことを考えてください。万次郎の名字は何ですか。

S：　……

JTE：　生まれた場所に関係があります。

S：　中浜。

JTE：　そうです。ところが，その名字はずっとあとになってつけられたものです。もともとは何だったのですか。

S：　なかった。

JTE：　なぜですか。

S：　……

JTE：　職業に関係があります。

S：　わかった。漁師だったからです。

JTE：　そうです。当時は，漁師は名字を持っていませんでした。

ところで，万次郎は何歳くらいで仕事をしたのだろう。

S：　漂流したのが14歳のときだから，それより若くからです。

JTE：　そうだね。

万次郎はジョンというニックネームをもらったけれども，そもそもニックネームはどのようなときにつけられるのだろうね。

S：　親しい間柄になったとき。

JTE：　なるほど。隣にいるアンディーも実はニックネームなんだよね。正式には何というか知っている人はいますか。

S：　アンドリューです。

JTE：　そうです。

ニックネームはいろいろな理由からつけられます。万次郎の場合は何からつけられましたか。

S：　ジョン・ハウランド号という捕鯨船の名前からです。

JTE：　今，アメリカの大リーグで活躍している野茂選手の投げ方は，トルネード（大竜巻）とつけられました。体をねじって投げるからだよね。

東京ドームのニックネームを知っていますか。

S：　ビッグ・エッグ。

JTE：　なぜ，そう呼ばれているの。

S：　形が卵に似ていて，大きいから。

JTE：　そうそう。

話を元に戻します。最初，ハワイに着いたね。何もかも万次郎には珍しかった。具体的には，どんなものですか。

S：　ベッドとか，ナイフとか，フォークとかです。

JTE：　日本では，寝るときは布団を使うものね。今ならベッドを使う人

も多いけれども。

ナイフとフォークを使ったことがない人はいますか。

S：　(だれも手を挙げない)

JTE：全員，使ったことがあるんだね。では，ナイフとフォークを同時に使うとき，ナイフは右手で持ちますか，それとも左手で持ちますか。

S：　右手。

JTE：その通り。まあ，好きな方で持ってもいいと思うけどね。レストランでは，右側にナイフ，左側にフォークが置いてありますね。

ところで，万次郎は助けられたとき，英語は全く知らなかったので，必死になって覚えようとしたようです。どのようにして覚えたのだろうか。本を読んで覚えたのだろうか。それとも別の方法で覚えたのだろうか。

S：　耳で聞いて覚えました。

JTE：その通り。例えば，どういう風に覚えたのですか。

S：　Water をワラ。

JTE：コシチャンは question のことだったね。

みんなはどのように覚えますか。おもしろい覚え方があったら教えてください。

S：　I get off. は「揚豆腐」と聞こえたので，そんなふりがなをつけたことがあります。

JTE：他にありますか。

この次は音読の指導になるわけですが，それ以降の指導過程は，前にコミュニケーションを中心にした指導において示した方法と同じようにすればよいでしょう。

上のシミュレーションはもちろん1時間でこなせるものではありません。例えば，全体の概要を把握させるのに1時間，そのあと1パート毎に1時間ずつ配分するということが考えられます。そうすると，このレッスンの指導には5～6時間が必要になります。

参 考 文 献

亀井浩明・佐野金吾・荒木秀二編 (1993)『中学校観点別評価の実際』〔英語編〕教育出版

河野守夫 (1993)『英語授業の改造』東京書籍

小島義郎 (1996)『コミュニケーションの英語』岩波書店

佐野正之・水落一朗・鈴木龍一 (1995)『異文化理解のストラテジー』大修館書店

高梨庸雄・高橋正夫 (1987)『英語リーディング指導の基礎』研究社出版

田中正道 (1991)「コミュニケーション志向にどう対応するか」『英語教育』4 月号, 大修館書店, 14-16

松村幹男編 (1984)『英語のリーディング』大修館書店

吉田一衛編 (1984)『英語のリスニング』大修館書店

岡秀夫編 (1984)『英語のスピーキング』大修館書店

吉田研作 (1995)『外国人とわかりあう英語—異文化の壁を越えて』筑摩書房

樋口忠彦編 (1995)『個性・創造性を引き出す英語授業—英語授業変革のために—』研究社

茨山良夫・大下邦幸 (1992)『英語授業のコミュニケーション活動』東京書籍

伊東治己 (1997)『カナダのバイリンガル教育—イマーション・プログラムと日本の英語教育の接点を求めて—』渓水社

松畑熙一 (1988)『外国人講師と創る楽しい授業』開隆堂

松畑熙一 (1989)『教科書で教える授業を創る』開隆堂

萬戸克憲 (1988)『外国人講師との授業』大修館書店

萬戸克憲 (1992)『国際化と英語科教育』大修館書店

和田稔・荒木秀二・関正幸編 (1988)『外国人講師との協力を生かす英語科授業』明治図書

和田稔編 (1987)『国際化時代における英語教育』山口書店

和田稔編 (1990)『Team Teaching と教科書の活用』開隆堂

和田稔 (1997)『日本における英語教育の研究』桐原書店

寅屋照夫 (1989)『国際感覚を養う英語教育』あすとろ出版

大下邦幸 (1996)『コミュニケーション能力を高める英語授業』東京書籍

上田明子・Mary Althaus (1990)『ティーム・ティーチングアイディア集』中教出版

樋口忠彦編 (1996)『英語授業 Q & A』中教出版

巽俊二 (1995-1997)「新人教師のための英語指導 ABC」『英語教育』第 44 巻第 1 号－第 45 巻第 12 号, 大修館書店

高梨庸雄・緑川日出子・和田稔（1995）『英語コミュニケーションの指導』研究社出版
高島英幸編（2000）『英語のタスク活動と文法指導』大修館書店
和田稔（1988）『外国人講師との Team Teaching』開隆堂
斎藤栄二・高梨庸雄・森永正治・渡辺時夫（1986）『新しい英語科授業の創造』桐原書店
長江宏（1989）『外国人講師』三省堂
新妻紘（1990）『コミュニケーションの授業』三省堂
影浦攻（1994）『中学校英語科のティーム・ティーチング』明治図書
大阪府教育センター（1995）『「英語」授業におけるコミュニケーション能力の育成』大阪府教育センター
大阪府教育センター（1997）『個性を引き出す英語指導』大阪府教育センター
佐々木輝雄編（1994）『国際化社会の英語教育』教育出版
山家保（1972）『実践英語教育』ELEC
竹蓋幸生（1989）『ヒアリングの指導システム』研究社出版
文部省（1999）『中学校学習指導要領解説』東京書籍
米山朝二訳（1993）『第 2 言語の学習と教授』研究社出版
天満美智子訳（1985）『英語教育実践ハンドブック　上，下巻』桐原書店 / オックスフォード大学出版局
MINORU WADA・ANTONY COMINOS 編（1994）『STUDIES IN TEAM TEACHING』研究社出版
Sheila Brumby・Minoru Wada（1990）, *Team Teaching*, Longman
Fries, C. C.（1945）*Teaching and Learning English as a Foreign Language*, The University of Michigan Press
Krashen, S.（1982）*Principles and Practice in Second Language Acquisition*, Oxford : Pergamon
Krashen, S. D. and T. D. Terrel（1983）*The Natural Approach : Language Aquisition in the classroom*, Oxford : Pergamon / Alemany
Lynch, T.（1996）*Communication in the Language Classroom*, Oxford University Press
Brumfit, C. J. and K. Johnson（1979）*The Communicative Approach to Learning and Teaching*, Oxford University Press
Littlewood, W.（1981）*Communicative Language Teaching*, Cambridge University Press
Widdowson, H. G.（1978）*Teaching Language as Communication*, Oxford University Press

編者紹介

巽　俊二（たつみ　しゅんじ）

1949年，和歌山県生まれ
公立小・中学校教諭，大阪府教育委員会指導主事，大阪府教育センター指導主事を経て，現在，羽曳野市立古市南小学校教頭
中学校学習指導要領解説外国語編作成協力者
専門は英語教育学
主要著書
「新しい資質・能力の育成」（共著，明治図書）
「中学校新教育課程の解説」（共著，第一法規）
「英語授業Q＆A」（共著，中教出版）
「英語授業におけるコミュニケーション能力の育成」（編著，大阪府教育センター）
「新人教師のための英語指導ABC」（「英語教育」，大修館書店）
「私の英語授業」（共著，大修館書店）

英語授業ライブラリー❻
ティーム・ティーチングの進め方
授業改善の視点に立って

2001年8月7日　初版第1刷発行

編　者　巽　俊二
発行者　谷口　隆
発行所　教育出版株式会社
〒101-0051　東京都千代田区神田神保町2-10
電話（03）3238-6965　振替 00190-1-107340

印刷　三美印刷
製本　上島製本

ISBN-4-316-36870-2　C3337